U0840547

作者简介

宋祖华　南京财经大学新闻学院副院长，副教授，博士。2005年毕业于复旦大学新闻学院，美国北卡莱罗纳大学教堂山分校访问学者，江苏省2010年度高校“青蓝工程”培养对象，江苏省第四期“333高层次人才培养工程”中青年科学技术带头人。在《新闻与传播研究》《新闻大学》等期刊发表学术论文多篇，主持省部级课题多项，现主持国家社科项目“社会化媒体环境下的网络谣言传播及其协同治理研究”。

反思与重塑

网络时代的中国传媒品牌建设

宋祖华◎著

人民日报出版社

图书在版编目（CIP）数据

反思与重塑：网络时代的中国传媒品牌建设／宋祖华著．
—北京：人民日报出版社，2016. 11
ISBN 978－7－5115－3763－8

Ⅰ. ①反… Ⅱ. ①宋… Ⅲ. ①传播媒介—品牌—研究
—中国 Ⅳ. ①G219. 2

中国版本图书馆 CIP 数据核字（2016）第 292569 号

书　　名：反思与重塑：网络时代的中国传媒品牌建设
著　　者：宋祖华

出 版 人：董　伟
责任编辑：周海燕　马苏娜
封面设计：中联学林

出版发行：人民日报出版社
社　　址：北京金台西路 2 号
邮政编码：100733
发行热线：（010）65369509　65369527　65369846　65363528
邮购热线：（010）65369530　65363527
编辑热线：（010）65369522
网　　址：www. peopledailypress. com
经　　销：新华书店
印　　刷：北京欣睿虹彩印刷有限公司

开　　本：710mm×1000mm　1/16
字　　数：184 千字
印　　张：13. 5
印　　次：2017 年 1 月第 1 版　　2017 年 1 月第 1 次印刷

书　　号：ISBN 978－7－5115－3763－8
定　　价：68. 00 元

目　录
CONTENTS

导 论

传媒品牌经营管理的“热”与“冷”[①]

第一节 曾经的传媒“品牌热”

中国传媒产业有意识的品牌经营[②]是从20世纪90年代初期开始的。迈进新世纪后，得力于产业改革和发展、“入世”强力推动以及国民品牌消费意识不断增强等内外部因素的推动，传媒产业的品牌经营迅速形成了一个令人瞩目的热潮。湖南卫视既是品牌经营的“得风气之先

① 学界多用“媒介品牌”或“媒体品牌”的说法，它们的所指大致相同，但前者更强调这类品牌的类别性特征，后者更强调这类品牌的组织性特征。本书采用“传媒品牌”这个概念，有些章节更侧重考察此类品牌的媒介性和行业性特征，有些章节更侧重考察其组织性特征。另外，本书是从经营管理视角来剖析中国传媒品牌的，所以经常使用“传媒品牌经营管理”“传媒品牌经营”和“传媒品牌管理”等概念，但本书无意于架构传媒品牌经营管理的整体框架（很多著作在这方面多有高论），而是以品牌建设作为本书的诉求，致力于反思中国传媒品牌的特点，梳理其历史演变与现状特征，以期为壮大中国的传媒品牌提供智力支持。

② “经营”有狭义和广义两种解释，狭义主要指经济事业的管理运营，广义指对事物的筹划管理。参见王亿同主编：《高级现代汉语大词典》，内蒙古大学出版社2001年版，第179页。本书中对“经营”的运用，都是广义层面的。涉及品牌的具体方面，将使用“品牌建设”“品牌管理”“品牌营销”“品牌打造”等概念。

者”，又是一个不折不扣的“弄潮儿”。它以《玫瑰之约》和《快乐大本营》两个品牌栏目一炮走红，继而推出《新青年》《天天向上》等品牌栏目，再于2002年、2003年之交推出全国性定位“中国湖南卫视”，2004年，它进一步明确自己的定位——“中国最具活力的电视娱乐品牌”，号称要打造国内省级卫视的“王牌频道”和“第一品牌”。[①] 中央电视台是另一个引人注目的个案。2003年、2004这两年，中央电视台采用台品牌、频道品牌、栏目品牌和主持人品牌齐头并进、台内整合创新和台外推广沟通相结合的战略，“走出去，请进来”，品牌经营力度不断加大，2005年则开始“全面推行品牌化战略”。[②] 广州是中国报业最发达的地区之一，也是这次热潮的一个重镇。南方报业传媒集团在世纪之交开始实施多品牌战略，其成就已经取得业界和社会的公认，《广州日报》立志于做“外国投资者了解珠三角地区、了解中国的一大报纸品牌”，并力争通过海外版来“不断提升品牌的知名度和影响力”。[③] 北京报业的品牌经营一样红红火火，如《北京晚报》的“新生”运动、《北京青年报》的“品牌服务年”活动、《北京晨报》的品牌公关活动等，北京是21世纪开始几年竞争最激烈的报业市场之一，却没有发生恶性价格战，品牌经营功不可没。上海传媒市场在品牌经营方面也不乏亮色，如《上海星期三》的品牌建设和品牌输出、“第一财经”的品牌化运作、东方卫视的新鲜出炉等，都有可圈可点之处。另外，中央人民广播电台全新改版，安徽卫视、海南旅游卫视等省级卫视的专业化运作，《中国经营报》《时尚》等报纸杂志的品牌化经营，福建新闻频道、《南京零距离》等频道和节目的迅速崛起等，都是这次热

---

① 湖南卫视总编室企划推广部：《牌时代——湖南卫视2005推介片》，中国湖南卫视网站，http://www.hunantv.com，2004年12月1日。

② 赵化勇：《把握导向　坚守责任　打造品牌　抓好队伍　迎接党的十七大胜利召开——在中央电视台2007年年中会议上的讲话（摘要）》，《电视研究》2007年第8期。

③ 江炜：《张德安：未来广告品牌经营的突破设想》，《现代广告》2004年第10期。

潮的典型个案。

2006 年前后这一轮品牌热达到高峰。之所以做出这样的判断，是因为业界和学界、传媒品牌建设实践和理论探讨同时达到了一个高峰，并且产生了强烈的共振效应。

业界对传媒品牌大力倡导，传媒掌舵人纷纷撰文总结并推广自家传媒品牌建设的成功经验，例如：

江苏广播电视总台：

从 2005 年起，江苏广电总台就开始把“品牌”作为统领各项工作的关键词，从整体上推进品牌建设。

江苏广电总台明确提出了“以人为本　与您同在”的品牌理念，高度重视“人”的价值。

总台还特别邀请了有“亚洲 CI 之父”之称的世界著名 CI 设计大师西元男先生主持的项目组为总台进行 CI 设计，最终选定了新台标，在品牌主标识中特意隐含了篆体的“人”形。媒体品牌需要有“硬实力”，比如收视率、覆盖率等，同时也要有“软实力”，坚持自己的价值观和操守。①

南方报业传媒集团：

从单一的新闻竞争和打价格战转到塑造媒体品牌的竞争上来。

从单一媒体品牌的竞争转到媒体多品牌的竞争上来。

从单纯的媒体品牌战略转到该品牌可能延伸到的各个领域，在延长的价值链上获益。

实行“龙生龙，凤生凤”的优生优育的模式，催生多品牌滚动发展。

“立体化打造品牌：以‘南方报业’品牌为轴，平面媒体、网络媒

---

① 周莉：《以品牌为导向，打造中国一流传媒集团》，《传媒》2007 年第 12 期。

体、移动媒体、文化出版、文化会展、文化实业和传媒的公益活动为核心，立体打造文化传播的七色彩虹。”①

中央电视台：

打造了一系列品牌栏目或品牌活动，有效促进全台整体收视份额提高。

全面推行品牌化战略，“以扩大市场份额、提升绿色收视率为目标，增强频道和节目的导向性、思想性和可视性。尤其要大力实施综合频道品牌维护机制，适时改版，吸纳优秀节目源，优化节目编排，巩固和强化综合频道的品牌形象和旗舰地位”。

对于各部门、各频道和各栏目而言，首要任务是按照品牌化战略，抓好栏目和频道的日常建设，继而在打造品牌栏目、品牌频道上多用心思，多下力气。……其次，要加强品牌日常经营和维护，打造和提升电视品牌的核心价值，塑造良好的品牌形象，以品牌活动、品牌栏目、品牌频道扩大受众市场，增强竞争优势。②

各种品牌活动也此起彼伏。仅 2006 年就有多场专题活动。4 月，《新京报》联合搜狐网启动“品牌周”活动；8 月，在北京召开的广博会专设“品牌建设”分会场，会上发布了央视的频道品牌、栏目品牌以及主持人的品牌价值：《新闻联播》26.6 亿元，李咏 5 亿元。10 月，首届中国品牌媒体高峰论坛暨中国品牌媒体联盟成立会议在沈阳召开，为此，有学者称 2006 年为“传媒品牌年”。③

学术研究虽然稍有滞后，也加入了这次品牌大潮。根据我们的统

---

① 肖景辉：《拿什么铸就品牌丰碑——访南方报业传媒集团管委会主任范以锦》，《传媒》2006 年第 7 期。

② 赵化勇：《把握导向　坚守责任　打造品牌　抓好队伍　迎接党的十七大胜利召开——在中央电视台 2007 年年中会议上的讲话（摘要）》，《电视研究》2007 年第 8 期。

③ 黄志贵：《传媒的品牌化经营路径》，《当代传播》2007 年第 2 期。

计，2000年以前鲜有传媒品牌研究方面的文章，世纪之交前后，随着凤凰卫视、湖南卫视等传媒组织品牌经营的风生水起，相关文章逐渐增多。专著和教材方面，2000年以前出版的传媒经营管理方面的著作，几乎都没有涉及品牌经营管理问题。2000年以后，品牌经营管理开始成为一些传媒经营管理著作的重要组成部分。支庭荣的《传媒管理》（2000）、凌昊莹的《传媒经营管理》（2002）都列专章对传媒品牌经营管理进行了论述。诸多峰、奚麦雁主编的《媒体经营运作实务全书》（2001）、董天策的《中国报业的产业化运作》（2002）也列专节谈到了品牌经营。陆地在《中国电视产业的危机和转机》（2002）中把品牌意识作为商业电视经营意识的一个重要组成部分。邵培仁、陈兵还把品牌战略纳入了传媒战略管理的范畴（《传媒战略管理》，2003）。此后，以传媒品牌为主题的专著和教材不断出现，如《媒介品牌论》（陈兵，2008）、《媒体品牌》（薛可、余明阳，2009）、《数字媒体品牌形象推广》（罗军，2011）、《媒介品牌传播学》（赵泓，2012）、《媒体品牌管理》（洪丽娟，2012）、《媒体品牌战略研究》（王庚年，2013）、《媒介品牌经营》（汤莉萍，2014），等等。然而，颇有讽刺意味的是，正当学术界尝试对火热的传媒品牌现象进行梳理和理论化建构时，这个热潮却渐渐地消退了。

第二节 近几年传媒品牌建设“遇冷”?

很难说起于何时，但现在可以明确地感受到，传媒界曾经的“品牌热”已经不复当年的风光了。这两三年，昔日轰轰烈烈的品牌建构“大手笔”举措和热热闹闹的品牌推广活动日渐稀少，也很难看到业界人士尤其是大型传媒集团的掌舵人就品牌建设高谈阔论，总结并推广他们的经验了。和媒介融合、大数据、中央厨房和云平台之类的热点话题相比，“品牌”似乎已经被传媒人所遗忘。

也许不能简单地用显著度来判断传媒品牌建设的发展状况。也许，经过前些年的探讨和摸索，现在传媒品牌已经进入了“少说多做”“练内功”的阶段；也许，媒介融合等只是阶段性地抢去了品牌建设的风头；当然，也可能是中国的传媒品牌建设遇到了前所未有的发展困境；抑或，品牌建设原本就不具备前几年所声称的地位和价值，现在只不过是回归了常态而已。

究竟属于哪一种情况，显然不宜轻下论断。这正是本书要探究的关键问题。

可以确定的是，中国的传媒品牌建设确实遇到了一些值得思考的关键性问题。

首先，传媒品牌的价值和影响力遇到了“天花板”。

根据世界品牌实验室发布的中国品牌500强数据资料，近五年的统计分析显示，传媒行业的品牌价值总和虽然每年都有所提升，但进入500强的传媒品牌越来越少，2012年至2016年分别是45、44、42、40和38个，入榜传媒品牌在500强中的排名整体也止步不前（详见表1）。

表1 2012－2016年度进入中国品牌500强的传媒品牌前十名情况①

行业排名	2012 品牌名称 （总排名）	2013 品牌名称 （总排名）	2014 品牌名称 （总排名）	2015 品牌名称 （总排名）	2016 品牌名称 （总排名）
1	CCTV(4)	CCTV(4)	CCTV(6)	CCTV(6)	CCTV(8)
2	凤凰卫视(45)	凤凰卫视(46)	凤凰卫视(48)	凤凰卫视(52)	凤凰卫视(54)
3	人民日报(70)	人民日报(68)	人民日报(69)	人民日报(68)	人民日报(62)

① 根据世界品牌实验室数据整理，原始数据来源：http：//www.worldbrandlab.com/brandmeeting。

续表

行业排名	2012 品牌名称 （总排名）	2013 品牌名称 （总排名）	2014 品牌名称 （总排名）	2015 品牌名称 （总排名）	2016 品牌名称 （总排名）
4	广州日报（103）	广州日报（102）	湖南广播电视台（100）	湖南广播电视台（90）	湖南广播电视台（80）
5	参考消息（105）	参考消息（104）	广州日报（105）	江苏省广播电视总台（102）	浙江广电集团（94）
6	江苏省广播电视总台（113）	湖南广播电视台（108）	参考消息（107）	浙江广电集团（106）	江苏省广播电视总台（96）
7	湖南广播电视台（115）	江苏省广播电视总台（111）	江苏省广播电视总台（108）	广州日报（107）	广州日报（107）
8	羊城晚报（132）	浙江广电集团（126）	浙江广电集团（116）	参考消息（109）	参考消息（108）
9	浙江广电集团（135）	SMG（129）	上海广播电视台上海文化广播影视集团有限公司（125）	SMG（120）	SMG（110）
10	新民晚报（137）	羊城晚报（136）	南方广播影视传媒集团（138）	广东广播电视台（137）	广东广播电视台（134）

当然，世界品牌实验室的传媒品牌评估体系及评估结果并不是绝对权威的，传媒界对此多有不同看法。比如，报界口碑甚好的《新京报》一直未能入围，这几年发展势头迅猛的新媒体品牌（如今日头条）等也没有进入评估范围。尽管如此，作为一个持续了十几年的评估活动，它的评估结果还是能够基本上反映中国传媒品牌的发展状况的。人们近年来热议的传统媒体危机尤其是纸质媒体的“断崖式”下滑，也从另一个侧面印证了中国传媒品牌尤其是传统主流媒体品牌建设难以乐观的现状。

其次，传媒品牌在巨大资本面前显得力不从心。

保持自身品格与追求、抵御资本的诱惑与掠夺一直是传媒发展史上的一种崇高的传说，从美国的《纽约时报》，到中国的《大公报》，这样的故事广为流传，并成为传媒品牌区别于其他产业品牌的重要特征之一。每一个具有历史传统和品格追求的传媒品牌被强大资本并购，都会引发传媒人的批评、自省和抗争，每一个以商业逻辑经营传媒的人都会招致他人尤其是新闻人的批评。其中，最激烈的莫过于美国记者威廉·艾伦·怀特给报业资本家弗兰克·芒西写的简短讣告：

弗兰克·芒西以一个肉类加工商的天赋、一个银钱兑换商的道德和一个殡葬人的作风，对他那个时代的新闻事业做出了贡献。芒西和他这一类人差不多已经成功地把这个一度是高尚的职业变成了年利息8厘的抵押品。但愿他从此安息！①

然而，资本从来没有停止对传媒业的进入，并且不断在和富有历史底蕴的传统传媒品牌的较量中占据优势。默多克的传媒帝国也许是20世纪80年代以来传媒并购的一个缩影，而随着互联网和移动传播技术的发展，新一批的信息巨头获得了更为强大的力量，如谷歌、布隆伯格，也包括中国的腾讯和阿里巴巴。他们往往以难以拒绝的价格收购转型困境中的著名媒体（如《泰晤士报》《华尔街日报》《商业周刊》，等等），使它们成为自己信息帝国的一个组成部分。面对这种现象，也许我们真正要思考这样的问题：有志于投身传媒事业的人，是致力于有专业精神和个性的传媒品牌建设，还是专心于资本的长袖善舞？一个国家传媒行业的发展，是侧重于品牌传媒的打造，还是醉心于传媒的资本经营？

在中国，由于传媒体制的特殊性，资本对传统主流媒体的并购尚不

---

① ［美］迈克尔·埃默里、埃德温·埃默里：《美国新闻史：大众传播媒介解释史》，展江、殷文主译，新华出版社2001年版，第338页。

显著，但并购行为也频频发生。从2013年初到2015年底，在不到三年的时间里，阿里巴巴或其子公司并购或入股了15家传媒，其中既有《商业评论》《京华时报》和《南华早报》这样的传统媒体，也有无界新闻、虎嗅网这样的新媒体。一时间，“马云的传媒帝国”成为传媒界热议的一个现象。当然，这一现象是在助力传媒品牌的发展，还是对传媒品牌建设的讽刺，现在尚难下定论，可以肯定的是，在媒介融合的大背景下，传媒品牌经营越来越受到资本因素的影响。

再次，传媒品牌在传媒技术发展冲击下风光难在。

当下频频发生的传媒并购现象，一方面是媒介融合背景下超大型信息公司补齐其经营版图的需要，另一方面则由于被并购传媒企业和传媒品牌的经营压力，急需资金和信息的支持。和20世纪初“报业绞肉机”弗兰克·芒西疯狂并购报纸一样，当下被并购的媒体品牌未必一定有一个美好的未来。不过，相比许多没有被并购的传统媒体品牌，它们的前途可能确实要更有希望一些——报纸和杂志停刊或者取消纸质版已经不再是令人惊愕的新闻，“百年老店”关门大吉或者改弦更张也并不罕见。在网络视频的冲击下，电视媒体也举步维艰，不少地方频道，甚至一些省级卫视简直成了江湖游医和廉价商贩叫卖产品的场所，实在很难让人将它们和“传媒品牌”这个一度神圣而高尚的字眼联系起来。

当然，也要看到，传媒品牌建设现在仍不乏成功的案例，中央电视台、人民日报、湖南卫视、读者出版传媒等多年来长盛不衰，浙江卫视、《新京报》等传媒品牌近年来异军突起，今日头条、澎湃等新媒体品牌破茧而出，《舌尖上的中国》《中国好声音》《奔跑吧兄弟》等产品品牌在新旧多种传播平台上攻城略地和名利双收，它们都在向我们展示着网络时代传媒品牌建设的无穷魅力和发展前景。应该说，在以媒介融合、社交媒体和移动传播为主要特征的新一代网络环境下，传媒品牌建设及其经营管理并没有失去特有的价值，而是遇到了新的课题。

第三节 传媒品牌建设：超越“迷人神话”[①]

21世纪品牌热的前十年，同时也是一个建构传媒品牌神话的时期。1999年，“电视湘军”掌门人之一的曾凡安发表《电视媒体的品牌经营》一文，提出“品牌是电视传媒竞争获胜的关键”的观点。[②] 此后，品牌经营意识逐渐被许多传媒组织接受，有些媒体甚至将品牌当成了制胜法宝，纷纷亮出了自己的“品牌”牌。品牌，逐渐成为传媒经营管理的一个迷人神话。

某全国性新闻网站刊文，标题就是：《电视栏目进入品牌时代》。

某学术杂志的一篇文章称，“现代传媒的竞争已经进入品牌经营时代”。

某财经类专业报纸的负责人撰文指出，作为专业性的报纸媒体，要想立于不败之地，其发展到一定的阶段，第一个工作便是“明确自己的定位，建立自己的核心品牌价值”。

中国南部的某个电视新闻频道宣称：“频道领导着手当前放眼未来，制定了‘新闻文化优先策略’和‘一切给品牌建设让路’的原则。”

一篇对威亚康姆总裁雷石东的专访说，雷石东指出，建设国际传媒企业的三部曲（A. B. C）是：A－Acquire，就是购买，购买和开发最好

① 这里所说的神话，又称“迷思”，对应的英文概念是“myth”。它不是虚构或虚假的东西，而是人们赋予生活以意义，将杂乱的经验变得可以接受的一种表达。可参看［加］文森特·莫斯可：《数字化崇拜——迷思、权力与赛博空间》，黄典林译，曹进校，北京大学出版社2010年版，第20－32页。

② 曾凡安：《电视媒体的品牌经营》，《中国记者》1999年第3期。

的内容；B – Brand，就是内容，对内容进行品牌建设；C – Copywrite，就是版权，对自己创建的品牌进行严格的版权保护。

引用这些表达，绝对没有任何嘲讽或鄙视的意思，而是想从一个侧面透视品牌经营在当时传媒界的神话性思考与表达。根据麦克道尔和巴滕的观点，美国在20世纪90年代也有过类似的现象。

某电视网在行业杂志上投放一整版广告，夸耀自己是“美国电视网的领导品牌”。

某电视评论员祝贺一位节目制作人“建立了自己的节目品牌”。

一个关于未来有线电视的封面故事探讨“数字时代的微型品牌”这一概念。

某电视主管断言：“任何成功的品牌都必须将资源用于强化其品牌定位”。①

显然，无论是20世纪90年代的美国，还是21世纪前十年的中国，传媒品牌神话的存在绝非是无稽之谈，自有其存在的价值。就中国来说，那时候的品牌神话对于普及传媒人的品牌认知，甚至对那一时期传媒业品牌经营管理水平的提高、对当时许多知名传媒品牌的打造，可以说都起到了很重要的作用。所以，现在我们重新审视那一时期的传媒品牌神话及相应的一些话语表达，不是要讽刺嘲笑，而是要考查它的特点，审视它的历史价值和历史局限性，探讨它是否还能够赋予传媒品牌建设以积极的意义。

显然，在经历了十多年的演变之后，在传媒环境已经发生了沧海桑田式的变化之后，在品牌认知、理念和实践已经得到相当普及之后，缘起于21世纪初的传媒品牌神话已经渐渐失去了它的存在价值。我们需

① ［美］沃尔特·麦克道尔、艾伦·巴滕：《塑造电视品牌：原则与实践》，马敏译，中国传媒大学出版社2006年版，第6–7页。

要反思并重构传媒品牌建设的内涵与话语表达，探索适合当今时代的经营理念和建设方略。

所以，现在回看“品牌神话”时期，研读那些将品牌经营绝对化、本质化、仿佛“一品就灵”的文章，需要用历史的和发展的眼光辩证看待；

所以，现在回看当时的一些经验之谈，那些将基本原则和基本规范等品牌经营的必要条件当成建设强势品牌的充分条件的表达，需要批判性的审视；

所以，现在反思当时的一种流行逻辑，即在品牌经营的基本内容之上添加高级修饰词以建构操作要领，如要准确定位、加强形象推广、提高受众忠诚度、积厚品牌资产等，就更觉得是纸上谈兵。

所以，当时也就有一些人对传媒业品牌经营的前景提出质疑。时任《中国广告》杂志主编的张惠辛教授认为：“中国媒体的品牌化已经遇到难以逾越的瓶颈”，“媒介的品牌化只能是一个令人陶醉的神话”。[①] 时任上海文广新闻传媒集团广告经营中心主任的梅利君认为，“现在无论是上海还是其他地方媒体，真正意义上的市场竞争还很难形成。因此，品牌之路虽在脚下，但不好走”。[②]

《战争论》的作者卡尔·范·克劳塞维茨（Karl von clausewitz）有一句名言：绝对的优越性是不可能达成的，你必须在关键的决策点上善用现有的条件、资源，以生产出一种相对的优越性。[③] 显然，在中国的传媒“品牌热”时期，人们很大程度上将传媒品牌经营的基本理念、规则、规范和流程理想化或诗性化成了种种“神话”。毫无疑问，如果

① 《中国媒体经营批判》，《中国广告》2004 年第 4 期。

② 唐坤、朱晓姝：《电视媒体品牌化，路在脚下：访文广新闻传媒集团广告经营中心主任梅利君》，《中国广告》2003 年第 6 期。

③ 转引自［美］大卫·爱格：《品牌经营法则》，沈云骢、汤宗勋译，内蒙古人民出版社 1999 年版，第 127 页。

一个传媒组织能将这些方面都做到位，它很有可能培育出强大的传媒品牌。但是，由于种种现实条件的限制，全面的优越性是不可能的。尤其在当下媒介数字化、全球化、融合化和社交化的大背景下，传媒品牌经营面临着日益复杂的政治、经济和文化环境，它需要的，不再是十几年前的“看上去很美”的“迷人神话”，也不能止于简单恪守基本规则规范，而是要在充分认知传媒品牌特质的基础上，准确研判和梳理需要面对的各种复杂关系，并在实践中不断探索经营管理的规律和艺术。

显微镜之“往日话题”

传媒巨鳄

不知源于何时何地，大致在中国加入世界贸易组织前后，“传媒巨鳄”成为传媒界出现频率相当高的一个词语，用来指代国际巨型传媒集团，像美国在线—时代华纳、维亚康姆、威望迪等，还讲了不少“‘传媒巨鳄’来了”的故事。小时候听过“狼来了”的故事，心中很是害怕，所以从小就不敢轻易撒谎。想一想鳄鱼的样子，我觉得远比狗一样的狼可怕，何况又是“巨鳄”，那就更加可怕了！

国际巨型传媒集团有那么可怕吗？若拿它们和国内的传媒集团比较一下，就会发现中国在实力上确实相差很远。美国在线—时代华纳拥有1500多亿美元的固定资产，其他几个顶尖级的国际传媒集团也都在数百亿美元以上，而在中国，堪称一流的上海文汇新民联合报业集团固定资产仅有约2亿美元，确实难以同日而语。从收入来看，路透社1998年的收入，就相当于325亿元人民币，是中国所有报纸广告收入和发行收入总额270亿元的1.2倍。[①] 中国文汇新民联合报业集团、北京晚报报业集团、羊城晚报报业集团三家2002年的广告经营总额，仅仅相当于美国《纽约时报》一个月的广告经营额。如果说这些国际传媒集团

① 赵启正：《中国传媒：发展潜力巨大的产业》，《新闻记者》2003年第1期。

是“巨鳄”，那么中国的三十多家传媒集团只能是“小虾米”了。

记得以前我们也谈论过外国传媒业，也为它们强大的经济实力、精湛的业务技能、各方面的丰富实践经验而惊叹不已。以大小而论，那时候中国的传媒组织和外国顶级传媒巨头恐怕也是“虾米”和“巨鳄”的关系。可那时候我们没有觉得它们多么可怕，也没有用“巨鳄”称呼它们。为什么现在用“传媒巨鳄”来称呼它们呢？大概是因为以前是“井水不犯河水”，现在这些“巨鳄”要游过来，吃掉我们这些“小虾米”了。

事情远没有这么可怕。这些“传媒巨鳄”确实可能要游过来了，但未必能轻易地吃掉我们，甚至未必能战胜我们。传媒业是一个特殊的产业，国家总是要控制和保护的，世界各地莫不如此。传媒业是一个文化产业，受语言、伦理道德、思维方式、风俗习惯等多方面的制约，外来传媒要走本土化道路，处于相对劣势，和本土媒体“共生”将是它们必然的选择。更重要的是，媒体庞大未必生命力就强，威望迪集团负债累累、举步维艰和德国第二大传媒集团基尔希集团破产就是例证。近二十年来世界传媒业风云变幻，可谓“各领风骚三五年”。20 世纪 80 年代中期，CNN 还是一家不知名的小公司，如今在全球电视界的名声如雷贯耳；维亚康姆在 80 年代也鲜为人知，现在则取代美国在线—时代华纳坐上了世界传媒业的头把交椅。“传媒巨鳄”进来了，说不定我们能把它吃掉，打造自己的国际传媒集团。这个过程也许还很漫长，但我们要有这种勇气。

用“传媒巨鳄”称呼巨型国际传媒集团，气势上就低人一等，把自己当成任人摆布的“虾米”了。我宁愿用“超级航母”来称呼它们，更形象，更贴切。但我孤陋寡闻，仅在单独介绍国际传媒集团的文章资料中见过几次“超级航母”，一旦把它们和中国传媒联系起来，就变成“传媒巨鳄”了。

“传媒巨鳄”可以休矣！

（笔者 2003 年随感）

第四节　反思与重塑：当下传媒品牌建设的重要课题

当前环境下，传媒行业需要超越曾经流行一时的“品牌神话”，摒弃“重金打造品牌产品以求超额收益”的投机心理和短浅眼光，在反思和考量新的传播环境的基础上，真正结合自身特点和社会需求，从战略和系统的高度重新审视品牌建设，在品牌定位、品牌形象、品牌文化、品牌延伸与合作、品牌并购与创新等多个层面统筹把握，精耕细作，方能打造出适应当今时代的传媒品牌。

我们认为，处理好下面几组关系，至关重要。

一、经济价值与非经济价值的关系

一个品牌的价值包括经济价值和非经济价值，其中非经济价值包括文化价值、心理价值、教育价值、国家价值等。[①] 对一般产业来说，品牌的经济价值往往是最重要的，也是品牌经营的重点所在。传媒产业则不同，它是一个特殊的产业，其中有些组织和产品是完全市场化的，有些是半市场化的，还有一些是事业性的。对完全事业性传媒来说，其品牌的非经济价值占有绝对优先地位，其经济价值或者不予考虑，或者处于附属地位。完全市场化的传媒公司的品牌经营和一般公司的品牌经营相类似，但是非经济价值因素往往扮演着更重要的角色。例如《纽约时报》被称为美国的“时代记录者”，具有不可替代的国家价值和文化价值，而且，这种国家价值和文化价值可以转化为经济价值。因此，如何平衡品牌的非经济价值和经济价值之间的关系，对许多传媒组织的品牌经营来说，具有十分重要的意义。

① 参见余明阳：《品牌学》，安徽人民出版社 2002 年版，第 76－88 页。

中国的传媒具有双重属性，许多媒体具有事业性质，又有企业经营的成分，它们的许多品牌也是如此。尽管中国有把“社会效益放在首位”的政策精神，但到底如何处理品牌建设中经济价值和非经济价值的关系，不可能有整齐划一的答案，必须根据具体情况灵活处理。如何在经济价值和非经济价值的综合考量中找到最佳“平衡点”，使品牌建设达到“最优化”，这是中国传媒组织品牌经营的一个富有挑战性的工作。

二、外部经营与内部经营的关系

传媒品牌的外部经营对象主要包括受众、广告主和政府，使“三个方面都满意”并强化自己的品牌，是所有传媒组织品牌外部经营的理想目标。中国传媒产业历来比较注重这方面的经营，如投放形象广告，召开论坛、交流会、推广会，开展公关和赞助活动，等等。相对而言，对品牌内部经营的关注却很不够。其实，与其他类型品牌相比，传媒品牌的内部经营有更重要的意义。因为传媒产业是一个符号化产业，每一个产品都体现着生产者的个性和创造力，不可能像工业生产那样实行严格的六西格玛管理。如何使所有员工都把握品牌的内涵并贯彻到他们的工作中，整合成一致的品牌信息进行外部营销，是传媒业品牌经营的一个挑战。迪士尼公司就非常重视品牌的内部传播，它开设了“迪士尼的方方面面”课程，目标就是让迪士尼的每一个人都知道迪士尼品牌的经营哲学，并且知道如何把它结合到工作中去。这一课程规定，迪士尼的高级管理人员要花九天时间苦学公司的文化，了解公司的方方面面。普通人员也要学习，“所有的演职员工，在他们成为迪士尼雇员的第一天，他们也都必须了解该品牌的历史、中心原则以及它的价值观”。① 所以，如果说注重品牌的外部传播是对“酒香不怕巷子深”

---

① ［英］菲欧娜·吉尔摩：《钢索上的品牌战士》，刘军等译，中信出版社 2002 年版，第22 页。

这条古训的反思与补缺的话，我们也需要进一步强化品牌的内部传播，以整合出一致的品牌信息，优化品牌经营。

三、长期利益和短期利益的关系

英国著名品牌专家菲欧娜·吉尔摩说过一句引人深思的话：“打造品牌是一个事关长期价值的事业，而不是杜撰明天的头版头条。”① 传媒善于制造明天的头版头条，其品牌却非一日之功，作为诉诸人的心灵的事物，它比一般商业品牌载负着更大的社会责任和文化、心理价值，不能为了些许短期利益而损伤品牌的长期利益。但是，中国传媒产业在品牌经营中经常出现过度追求短期利益的现象，如网购陷阱、不良广告、虚假宣传等，在当下传统媒体遇到经营瓶颈的情况下，这种情况有越演越烈之势。这种“寅吃卯粮”的做法，只会眼前得利、少数人得利，对品牌来说，则无异于慢性自杀。即使在一些特殊情况下，如在出现财务危机的时候，通过适当的品牌经营策略扩大短期收益无可厚非，但这也只能是一种策略性的行为，不能长期使用。只有保持品牌经营中长期利益和短期利益的合理分配，使长期利益和短期利益形成一种动态平衡关系，才有助于传媒品牌的健康发展。

四、创新和持守的关系

创新与持守是品牌经营管理中的一对既相反又相成的动力源。一方面，在迈向网络社会的今天，“穷则思变”的古训已经过时，一个健康发展的品牌，必须居安思危，不断创新。对于引领信息传播潮流的传媒品牌来说，这一点更加重要。另一方面，需要坚守品牌理念、品牌个性、品牌文化等核心认同，这是保持品牌连贯性和受众忠实度的必要

① ［英］菲欧娜·吉尔摩：《钢索上的品牌战士》，刘军等译，中信出版社 2002 年版，第 6 页。

前提。

如何处理好两者之间的关系？没有屡试不爽的答案。迪士尼前首席执行官迈克尔·艾斯纳对此深有感触，他说："对一个知名品牌进行改进，同时，又要保持作为它的巨大价值来源的全部特征，这可以称作是一个富有挑战性的平衡行为。"① 是的，这是品牌经营的一个极大的挑战。回避是不可能的，只能迎接挑战。这种平衡行为可能犯下一些错误，但可能会创造出更多的发展机会。例如，一个电视节目的平均生命周期是五年，我们曾看到许多火爆一时的节目不满五年就烟消云散。然而，湖南卫视的《快乐大本营》历经二十年而不衰，这和它敢于面对这种挑战密切相关。二十年来，它不断创新，又能坚守品牌核心认同，虽然也历经波折，但一直保持了健康发展的势头。

五、战略和战术的关系

对中国的传媒品牌建设来说，增强战略意识和战略管理具有特殊的意义。长期性和整合性是品牌的基本特点，朝三暮四，为一时的经济收益所左右，或者"零敲碎打"，仅仅推出品牌标示、品牌宣传口号，止于一些表面化、零细化的举措，都不是品牌经营的长久之计，也不可能创建真正的强势品牌。这并不是否定十几年来中国传媒产业品牌经营走过的道路，从历史的、发展的观点来看，这个过程有其必然性、必要性和不可抹杀的意义。这里是要强调，从整体上看，中国传媒产业的品牌经营还没有完成从战术主导型向战略主导型的转变。在当今生态环境中，传媒品牌建设必须增强战略意识，通过对传媒组织内外部环境的分析，制定出切实可行的战略，并针对环境的变化及时进行调整，实行动

① ［英］菲欧娜·吉尔摩：《钢索上的品牌战士》，刘军等译，中信出版社 2002 年版，第 16－17 页。

态管理，这样才能够充分发挥品牌和品牌系统的“协同效应”①，打造出真正的强势品牌。

六、单个品牌和品牌系统的关系

在分析20世纪90年代末全球品牌经营的发展趋势时，著名品牌专家大卫·爱格指出，“市场日趋复杂，竞争压力不断加大，媒体发生巨变，全球化日益迫近，经营环境中出现了多元品牌、侵略性的品牌延伸和复杂的附属品牌结构等问题，传统的品牌管理系统显得力不从心了”。这种内外部环境的变化标志着传统的以宝洁为代表的注重战术型和反应型的品牌管理模式已经过时，它将被更有策略头脑和远见卓识的“品牌领导”模式取代。② 爱格分析的这种趋势，正在中国传媒产业逐步变为现实。传媒品牌经营，已经进入了注重整合营销的时代，中央电视台、湖南卫视、南方报业传媒集团、读者传媒等是这方面的领先者，也为此提供了典型的个案例证。但是，从整体上看，中国传媒产业的品牌经营还多止于“单打独斗”，品牌系统的整合与建构还有很长的路要走。

古语云：“逆水行舟，不进则退”。在传媒产业迅速发展变化的今天，即便是一个强势品牌，也只能代表成功的过去，对现在和未来来说，它只是一个好的起点。只有在此起点上不断创新、发展，才能获得更大的成功。

---

① 协同效应：源自希腊语“Synergos”，原意是“共同工作”。当各单位一起工作产生的价值超过它们独立工作的成果之和时，就意味着产生了协同效应。另一种说法是“当资源连接在一起比单独使用更有价值时，产生协同效应”。参见［美］M. A. 希特、R. D. 爱尔兰、R. E. 霍斯基森：《战略管理：竞争与全球化》，吕巍等译，机械工业出版社2002年版，第277页。

② ［美］大卫·A·艾克、爱里克·乔瑟米赛勒：《品牌领导》，曾晶译，新华出版社2001年版，第9页。

第五节　关键概念与本书架构

一、关键概念解析：品牌和传媒品牌

品牌究竟是什么？它是对企事业组织发展现状的一种客观反映，还是市场运作中的一个策略性用语？抑或只是一个激动人心的口号？即使就传媒产业这一特殊领域来说，“品牌”这一词语的含义和用法也呈现出异常复杂多变的特点。对于一个传媒事业管理者来说，品牌是传媒建设的主要对象；对于一个经营管理者来说，它可能是一种必须认真管理的资产；对于一个演讲者来说，它更有可能被当作一个策略性用语、一个富有感染力的口号。不同的人从不同的角度理解它、运用它，使它变成了一个不断扩张的时髦用语。

常言说，熟知非真知。日常交流中对品牌做一些个性化、情绪化的理解和表达，是无可厚非的。但是，当从学术层面来关照这一术语时，我们必须进行慎重周密的界定。现在，对品牌的溢美之词在演讲和访谈中经常可以见到，有些学术论文也采取“拿来主义”，以其昏昏，使人昭昭，这是值得商榷的。当我们从学术层面来使用“品牌”“传媒品牌”这些概念的时候，必须剥除覆盖在这些概念上的种种表象，找出它内在的、本质的规定性。这样才能使我们的思路和表达不为各种相互影响甚至相互矛盾的表面现象所迷惑。这是我们展开理论研究的前提。

“传媒品牌”是由“传媒+品牌”组成的，是一个偏正式结构的概念。“品牌”在概念中处于中心地位，规定着概念的基本特征，“传媒”在这里主要起限定范围的作用。所以，问题的关键，是考察品牌是什么。

品牌是什么？不同的组织和个人在不同的历史阶段做出过不同的回答。

符号说：据考查，英文中“品牌”是“brand”，就是烙印的意思。1266年，英国就通过一项法律，要求面包师在每一块出售的面包上做记号，“目的是如果有面包缺斤短两的话，马上就可以知道生产者是谁”。[①] 可见，最早的品牌只是一种符号，代表着某一特定商品，使它和其他商品区分开来，以方便顾客辨认。符号说由此而来，它认为，商标、色彩等符号标识是品牌最直观的物化表征，也是品牌最核心的属性之一。美国市场营销协会这样给品牌下定义：“用以识别一个或一群产品和劳务的名称、术语、象征、记号或设计及其组合，以和其他竞争者的产品或劳务相区别。”[②] 中国20世纪90年代热闹非凡的“驰名商标”评比和宣传活动，就是这一观念的延续与发展。

综合说：1955年，世界著名广告学大师、奥美的创始人大卫·奥格威给品牌下了一个广为流行的定义：品牌是一种错综复杂的象征，它是产品的属性、名称、包装、价格、历史、声誉、广告风格的无形组合。品牌同时也因消费者对其使用的印象及自身的经验而有所界定。[③] 综合说极大地扩充了品牌的内涵和外延，品牌逐渐超越了简单标示的范畴，但是，其可测量性和可操作性很有局限，其理论发展和实践落实都遇到很多困难。

关系说：在一些品牌专家眼中，品牌的核心是品牌关系。奥美广告公司把品牌定义为：消费者与产品间的关系……消费者才是品牌的最后拥有者，品牌是消费者经验的总和。[④] 美国的汤姆·邓肯和桑德拉·莫

---

① ［美］凯文·莱恩·凯勒：《战略品牌管理》，李乃和等译，中国人民大学出版社2003年版，第25页。

② ［美］凯文·莱恩·凯勒：《战略品牌管理》，李乃和等译，中国人民大学出版社2003年版，第1页。

③ 余明阳主编：《品牌学》，安徽人民出版社2002年版，第2－3页。

④ 余明阳主编：《品牌学》，安徽人民出版社2002年版，第4页。

利亚蒂明确指出：“在很多公司眼中，看到的品牌只是印在产品包装上的名称和商标，他们忽略了以下真相：真正的品牌其实是存在于关系利益人的内心和想法中。”① 随着传媒的网络化、社交化和自媒体化发展，关系说受到格外的关注。

资产说：20 世纪 80 年代，以美国品牌专家大卫·爱格为代表，资产说开始流行。“强势品牌的价值是一组与品牌、名称和符号有关的资产（和负债），这组资产（和负债）可能增加或减少产品或服务（为消费者以及提供这项产品和服务的公司）所带来的利润。”② 90 年代，爱格相继完成了他的品牌三部曲：《品牌资产管理》（1991）、《建立强势品牌》（1996）和《品牌领导》（2000），品牌资产说更为成熟。不过，按照凯勒的观点，品牌资产的研究动机主要出于两个：一是财务动机，即出于会计目的或兼并、剥夺的目的，更精确地估计品牌价值；二是战略动机，即改进企业营销生产率。③ 显然，对中国传媒品牌来说，品牌资产的应用有很大的局限性。

传播说：中国的余明阳等学者认为，品牌的关键在于传播，应该从这一层面来定义品牌：“品牌是在营销或传播过程中形成的，用以将产品与消费者等关系利益团体联系起来，并带来新价值的一种媒介。”④

以上各种说法，反映了人们对品牌的不同理解，其实它们并不是矛盾的。大卫·奥格威的综合说对品牌做了较为全面地描述，但很显然没有提升到理论面，“无形组合”“有所界定”这些词语也过于含混。美国市场营销协会的说法强调品牌的各种符号及其组合这些显在特征，具有很强的可操作性，更多是从法律和规范角度考虑的。关系说和资产说

① ［美］汤姆·邓肯、桑德拉·莫利亚蒂：《品牌至尊：利用整合营销创造终极价值》，廖宜怡译，华夏出版社 2000 年版，第 11 页。

② ［美］大卫·爱格：《品牌经营法则》，沈云骢、汤宗勋译，内蒙古人民出版社 1999 年版，第 9 – 10 页。

③ 乔均：《品牌价值理论研究》，中国财政经济出版社 2007 年版，第 23 页。

④ 余明阳主编：《品牌学》，安徽人民出版社 2002 年版，第 7 页。

强调的是品牌某个方面的特征，这些特征此前没有受到充分重视，又是品牌极其重要的组成部分，因而这两种说法具有很大的实践价值和历史价值，但它们没有指出品牌的本质规定性。余明阳等人的定义强调品牌是在传播过程中形成的，又指出了品牌与产品、与消费者的区别和联系，并将品牌定性为一种客观存在（媒介），是笔者比较认同的一种说法，不过“媒介”这一概念容易产生歧义，[①] 可谓白璧微瑕。

尽管关于品牌还没有一个绝对权威的定义，但还是形成了以下共识：

（1）品牌是一种客观存在，是“精神、物质、行为三者有机融合的统一整合体”。[②]

（2）品牌由显在要素和隐性要素两方面构成。显在要素包括品牌名称和视觉标示两个主要方面，其核心是名称和商标。隐性要素包括品牌个性、品牌理念、品牌情感、品牌体验等。

（3）产品、服务或产业组织是品牌的重要物质支持因素，品牌不可能脱离它们而单独存在。品牌是在生产者、消费者等关系利益人[③]的

---

① 对媒介一词的理解一直没有定论。按照一般的说法，媒介是一种中介性的信息载体或通道，如《关键概念：传播与文化研究辞典》把媒介定义为“一种能使传播活动得以发生的中介性公共机构”。参见［美］约翰·菲斯克等编撰：《关键概念：传播与文化研究辞典》，李彬译注，新华出版社 2004 年版，第 162 页。丹尼斯·麦奎尔认为“媒介是使我们看到身外世界的窗口；是帮助我们领悟经历的解说员；是传送信息的站台或货车，是包括观众反馈的相互作用传播；是给予指示和方向的路标；是去伪存真的过滤器；是使我们正视自己的明镜。美国学者乔舒娅·梅洛维茨在此基础上又加了三个暗喻：媒介亦如管道，又如语言，还如环境。”转引自［美］斯蒂文·小约翰：《传播理论》，中国社会科学出版社 1999 年版，第 575－576 页。从这个意义上看，品牌显然不仅仅是一种媒介。不过，按照麦克卢汉等人的观点，“媒介即是信息”［加］马歇尔·麦克卢汉：《理解媒介——论人的延伸》，何道宽译，商务印书馆 2000 年版，第 33 页。在他们看来媒介不仅仅是一种中介性的载体，在这个意义上，说品牌是一种媒介是准确的。

② 年小山：《品牌学》，清华大学出版社 2003 年版，第 49 页。

③ 关系利益人指那些将受益于或受损于品牌运营的人。可参看本书第二章第三节“关系利益人”部分。

交往互动中得以产生、发展并发挥作用的。

（4）作为一种客观存在，品牌相对不同的主体具有不同的价值：对于生产者来说，品牌具有资产等价值；对于消费者来说，品牌具有工具、表达等价值；而对于一个民族、一个国家来说，一个强势品牌具有很大的文化价值、国家价值。

传媒品牌，是品牌这个大家庭的一员。如果要给它下一个定义的话，笔者主要借鉴余明阳先生的定义，稍加修改，即传媒品牌是在传播或营销过程中形成的，用以将传媒产品、传媒组织或个人与传媒消费者等关系利益人联系起来，并能带来新价值的一种物质和信息存在。

传媒的外延比较广泛，尤其在当今 Web3.0 网络时代，从个人到国家都可以建立自己的媒体品牌，各种媒体品牌的性质、内容、运作方式和法律地位也相去甚远。本书的研究对象，主要限定在大众传媒，而在大众传媒当中，主要以电视、广播、报纸、杂志和网络品牌及其相关组织品牌为主要研究对象，适当涉及电影、书籍等媒介品牌现象。

二、本书旨趣及基本架构

（一）本书旨趣

本书的研究对象是传媒品牌，但无意开出一副通用的药方——这方面的研究尝试已经不少了，不少还有“过度概化”[①] 的嫌疑。况且，随着传播技术的不断创新，全球政治、经济状况的不断变幻以及后现代化文化的影响，传媒产业可谓浮云苍狗，传媒组织随时存在着聚合、分裂和突变的可能，通用药方可能是一个无法实现的宏愿。“没有任何神奇的模式可以指导我们的行动。行动将取决于影响事物的各种因素之间的复杂的相互关系。”洛桑的 IMD 战略变化及管理学的教授彼得·斯坦布

① ［美］埃尔·巴比：《社会研究方法基础》，邱泽奇译，华夏出版社 2002 年版，第 13 页。

说得直截了当：“那些自欺欺人地认为某一种变化药方可以用于任何疾病的人，要么是无知，要么就是在吹牛。”①

所以，本书将根据动态管理的思想，把视点集中在传媒品牌的个性特征、中国传媒产业品牌经营的环境分析和传媒组织品牌建设的主要内容三个方面。本书的基本宗旨，不是构建中国传媒产业品牌经营的长远规划，也不是致力于某种战略或策略的推广，而是力争通过对传媒品牌的个性分析和环境分析，为各种传媒组织的品牌经营管理提供思考框架，为中国传媒产业的品牌建设探索路径和方向。同时，在他人研究的基础上，对传媒品牌的性质和独特规律进行探讨，以期形成一个相对自洽的体系，是本书的另一个主要目的。如果能够在此基础上有所突破和创新，对传媒品牌理论产生一点“质”的推动，笔者将感到荣幸之至。

（二）本书基本架构

品牌建设是中国传媒产业发展的一个重点、热点，也是一个难点。经过十几年的快速发展，中国的传媒品牌建设取得了很大的成就，但近年来增长乏力，亟待进行整体性反思，寻找新的突破路径。本书采用逻辑与实证、历史与现实相结合的方法，将中国的传媒品牌建设放在网络化媒介环境下审视其源流发展和现实状况，探索其突破的可能性空间，主要分为七部分。

第一部分是导论，在梳理中国传媒品牌近十几年来由“热”转“冷”的现象的基础上，提出网络时代传媒品牌建设所面临的新环境、新任务和新挑战。

第二部分分析传媒品牌的个性特征。这是传媒品牌研究的基本出发点。我们认为，传媒品牌不同于一般商品品牌和企业品牌，它具有公共事业和商业双重属性，中国的传媒品牌更是如此。以其主要属性划分，

① 转引自［美］约翰·米德尔顿、鲍勃·戈尔斯基：《战略管理》，王啸译，华夏出版社2004年版，第63页。

传媒品牌可分为公共事业性品牌和商业性品牌两大类。两者虽然侧重点不同，但都具有双重性和关系利益人复杂性的特征。平衡协调这种复杂关系，是传媒品牌建设的关键，也是难点所在。

第三部分梳理中外传媒品牌发展的历史与现状。世界传媒产业的品牌建设经历了一个从无意识到有意识、从单一行业到跨行业、从边缘不断走向中心的发展过程。从现状来看，世界传媒品牌呈现为发展的不同步性和分布的不均衡性，历时的阶段性特征共时性地展现在世界传媒品牌版图上，商业性品牌占主导地位。中国传媒品牌的发展稍晚于西方发达国家，但经历了类似的发展历程。目前，在媒介技术突飞猛进和媒介融合快速发展大背景下，中国的传媒品牌建设进入了转型阵痛期，如何整合资源、扬弃传统以重塑强势品牌，成为一个极富挑战性的课题。

第四部分分析当下中国传媒品牌建设的动力因素和制约因素。外国传媒品牌的竞争是主要外部动因，提升舆论引导能力的需要、传媒产业化体系的发展、传媒市场体系的不断成熟和提升传媒集团竞争力的需要是主要内部动因。这些动因，既是动力，也是压力。制约因素包括宏观和微观两个层面，体制、市场、内容产品、评估体系是宏观制约因素的四个主要层面，品牌意识不强、管理责权不明、科层化组织机构和资金瓶颈等是主要微观制约因素。

第五部分探讨中国传媒品牌建设的要素分析。结合中国社会环境和媒介发展状况，提出品牌定位、品牌延伸、品牌推广、品牌情感和品牌重振是当下中国传媒品牌建设的五个要素。它们可以单独使用，也可以相互结合，以适用于不同类型、不同性质、不同阶段传媒组织的建设需求。

第六部分探讨中国传媒的品牌系统建设。我们认为，随着传播网络的升级换代，品牌系统的重要性日益凸显。传媒品牌系统主要分为核心品牌领先和多品牌并重两个类型，实施路径主要有内部创建、合并、收购、品牌合作、品牌重组等。这些模式和路径本身没有优劣之分，唯模式论和唯路径论的观点都是危险的。依据竞争环境和内部资源状况，传媒组织可以选择适当的系统类型和实施路径，并进行优化组合。

第七部分是个案分析。以东方卫视为个案，结合中国卫星电视综合频道的整体情况，讨论其历史发展、现实结构、建设特色及存在的问题。相对而言，中国卫星电视综合频道的品牌建设成效突出，面临的挑战也不小，具有相当典型的意义。该实证分析是前几章理论探讨具体化的产物，也大致体现了传媒品牌建设的具体流程。

本书将会使用不少国外的品牌案例，这并不是笔者对国外现象更感兴趣，而是由于中国传媒产业品牌经营的历史还不太长，具有代表性的案例难以满足行文的需要。“洋为中用”，借鉴西方传媒品牌建设的成功经验，促进中国传媒产业品牌建设的健康发展，是使用这些案例的基本出发点。

（三）主要研究方法

“社会科学理论处理的是‘是什么’，而不是‘应该’如何。”[①] 本书将尽力回避主观好恶和价值评判。这并不意味着本书不涉及价值问题，本书的研究对象——传媒品牌本身是一个包含价值因素的存在，所以价值问题是“是什么”的一个重要组成部分，不过，对价值问题的分析研究与自己的期望和主观好恶是泾渭分明的两个问题。

在以上基本学科归属定位的基础上，本书主要采用两对研究方法。

1. 逻辑的方法和实证的方法相结合

“一个论点必须有逻辑和实证两方面的支持，必须言之成理，必须符合人们对世界的观察。”[②] 品牌活动是人类的一种实践活动，是一个主观见之于客观的过程，既包含极其复杂的思维过程，又要在实践中得

① ［美］约翰·米德尔顿、鲍勃·戈尔斯基：《战略管理》，王啸译，华夏出版社 2004 年版，第 10 页。

② ［美］埃尔·巴比：《社会研究方法基础》，邱泽奇译，华夏出版社 2002 年版，第 10 页。

到不断验证和发展。利用逻辑的方法，才能够拨开繁杂的事物和实践的表象，发现品牌活动的规律性、普适性内核。实证的方法，则是避免过分主观的工具，是检验逻辑分析正确与否的试金石。把两者结合起来，是本书的基本研究方法。

要科学地运用这对方法，本书特别注重以下几组辩证关系。

（1）归纳法与演绎法。品牌活动是一种复杂的实践活动，是一个分析环境、制定或修改活动策略、实施策略并不断优化的动态过程，也是一个不断归纳、不断演绎的过程。本书几乎每一个章节，都是一个归纳与演绎相结合的论述过程。

（2）定性研究与定量研究相结合。实证研究并不意味着一定利用大量的数字资料，本书的实证分析以定性研究为主，定量研究居于辅助的地位。首先，这是由研究对象的性质决定的。传媒品牌研究主要涉及新闻传播学、经济学和管理学三个学科，每个学科都有定性、定量研究两大派别。处于三个学科交叉点上的传媒品牌研究，至今没有令人信服的定量研究方法。其次，这是现实条件下的必然选择。在中国，品牌研究的历史很短，传媒品牌方面的量化资料不但极少，而且规范性、真实性不尽人意，[①] 难以获得充足的第一手数据资料。当然，采用这种处理方式也是以能满足本书的研究需要为前提的。

（3）通则式解释模式和个案式解释模式相结合。通则式模式解释某一类状况或事物，分析其中的一个或几个解释性因素。个案式模式则要解释案例之所以发生的所有因素，使人对解释对象有一个全面的了

---

① 我国没有专业性的品牌评估机构，更没有专业性的传媒品牌评估机构。现有的一些传媒品牌的相关数据，多是非专业性组织根据数据提供商和当事媒体提供的原始数据加工评估的产物，其公正性和可信度常常引起争议。世界品牌实验室的中国品牌500强设有“传媒行业”板块，是中国传媒品牌评估方面持续时间最长的一个品牌价值数据库，但其评估体系和评估结果也遭到多方质疑。可参见王文丽：《论国内传媒主流的品牌价值评估体系的缺陷》，《铜陵学院学报》2013年第4期。

解，但从整体上看，这种解释不可能推广到其他情况。[①] 本书主要采用通则式解释法，以分析中国传媒品牌建设的总体环境，探讨其模式选择，辅以个案式解释，以使论文的一些关键部分更为翔实、鲜明、容易理解。

2. 历史与现实相结合的方法

亨利·明茨伯格在其著名论文《手艺式战略》中指出，如果组织想要管理好未来，就必须意识到它们的过去。[②] 传媒品牌建设不但遵守这个一般规律，而且它对历史的依赖似乎比传媒内容生产、传媒资本运营等更大。因为，无论是品牌名称、品牌标示等显在要素，还是品牌的知名度、美誉度、忠诚度等可量化内涵，甚至品牌个性、品牌情感，某种程度上都是历史的产物。所以，本书将采取历史和现实相结合的方法，追溯源流，分析现实，在历史和现实的分析中理清临时的和长久的、偶然性的和必然性的、表面的和内隐的现象之间的区别和联系，探求传媒品牌经营管理的规律，探索适合中国传媒组织品牌建设的战略和策略。

最后，简单介绍一下资料收集和相关理论准备情况。20 世纪 80 年代以来，西方各国传媒产业的品牌经营不断升温，相关研究也日渐增多。这是笔者关注这一领域的缘起，也为本书提供了广阔的理论背景。就中国传媒产业来看，经过近二十年的发展，尤其是经历了十几年的“品牌热”，传媒品牌方面的资料日益丰富，不过也增加了资料收集和分析的难度，无论研究框架的建构，还是相关理论的梳理分析，都难免有所遗漏。在实证资料方面，笔者收集了大量国内外传媒品牌的间接资料，包括定量数据资料和定性研究资料、业界人士的访谈录和演讲稿、

---

① ［美］埃尔·巴比：《社会研究方法基础》，邱泽奇译，华夏出版社 2002 年版，第 23 页。

② ［美］约翰·米德尔顿、鲍勃·戈尔斯基：《战略管理》，王啸译，华夏出版社 2004 年版，第 42 页。

政策法规和体制变革相关资料等。笔者还在多个媒体做了实地调查，采用个案研究和深度访谈相结合的方法，获得了宝贵的第一手资料。笔者还针对性地做了多方面的理论准备工作，主要包括：（1）新闻传播理论；（2）品牌理论，如品牌形象、品牌定位、品牌推广、品牌管理、品牌延伸、品牌保护、品牌评估等方面的理论。这些理论用于对中国传媒品牌建设的分析，绝大多数理论在书中不会以系统的形式出现，但它们奠定了全书的理论基石，是本书逻辑论证不可或缺的重要原材料。

是为导论。

第一章

传媒品牌的个性特征分析

第一节　个性特征：传媒品牌建设的起点

曾负责 ABC 和 E1 娱乐频道品牌建立工作的 Troika Design Group 创意总监及合伙人马克·波曼（Mark Bohman）说过，“最实在的品牌来自于有原创性的思考。它一定不能好像别的什么东西，那样的话，你就失败了。这一切其实就在于挖掘出那些特殊的、独特的、影响深远持久的而且是原创的东西，那些能够自己给自己赋予生命的东西。”[①] 人云亦云或毫无特色的品牌是没有多大价值的，而原创性的认知，来自于对事物的本质和个性的深刻理解。正如美国著名管理学家彼得·圣吉所说：“战略性的思考是从对某一事业最深的本质和这一本质带来的挑战的思考开始的。”[②] 要研究传媒品牌，不但要了解品牌的一般性特征和

① 香港 CMM 信息咨询有限公司编译：《世界 2003 - 2004 电视媒体指南》，中国国际广播出版社 2004 年版，第 20 页。

② 转引自［美］约翰·米德尔顿、鲍勃·戈尔斯基：《战略管理》，王啸译，华夏出版社 2004 年版，第 8 页。

规律，更要分析传媒品牌的个性特征以及不同类型传媒品牌的个性特征，这是本研究的基础和逻辑起点所在。

一、传媒品牌的共性与个性特征

传媒品牌具有一般品牌的共同特征，如品牌标示、品牌理念、品牌情感、品牌体验、品牌价值等，这些共同性特征是“传媒品牌”之所以成为品牌的决定性因素，它是本研究的基础，却不是关注的重点。作为一个聚焦于传媒品牌的研究，传媒品牌与其他产业和行业品牌不同的地方，即它的个性特征，才是研究的重点所在。

传媒品牌与其他产业和行业的品牌有很大的不同，正基于此，一般性品牌理论研究往往把传媒品牌视为例外，除了关注一些市场运作比较成熟的商业个案，这些研究对传媒品牌鲜有特别的关注和完整的分析。① 这并不奇怪，这是品牌实践、品牌理论发展的历史和现状所决定的。“品牌是商品经济发展到一定阶段的产物”②，“最初的理论借鉴广告学、销售学，在发展过程中又吸收了传播学、营销学、公共关系学、消费心理学、经济学等其他学科的理论成果”。③ 它始终是以商品经济和市场经济中的商品、企业及其品牌为主要研究对象的。迈进21世纪以后，尽管品牌的外延“已不单单限于商业品牌，还包括城市品牌、区域品牌、院校品牌、团体品牌、个人品牌等社会品牌”，④ 但主流品牌理论仍然以狭义的品牌即商业品牌为研究对象。很显然，这些理论对

---

① 在笔者收集到的资料中，迪士尼、时代华纳、维亚康姆和它们下属的米老鼠、HBO、MTV等常常被作为品牌经营的分析个案，但对整个传媒产业品牌经营的分析，只有凯文·莱恩·凯勒在《战略品牌管理》“体育、艺术和娱乐业”条目下有所涉及。参见［美］凯文·莱恩·凯勒：《战略品牌管理》，李乃和等译，中国人民大学出版社2003年版，第17－19页。

② 余明阳主编：《品牌学》，安徽人民出版社2002年版，第23页。

③ 余明阳主编：《品牌学》，安徽人民出版社2002年版，第37页。

④ 余明阳、舒咏平：《论“品牌传播”》，传媒资讯网（http：//chinese.mediachina.net）2003年10月2日。

研究传媒品牌现象富有指导性意义，但又是不足的。只有充分认识传媒品牌的个性特征，探索其独特发展规律，才能因地制宜，随势赋形，制定出适合传媒产业和传媒组织发展的品牌战略和策略。

传媒品牌的个性特征可以分为两个方面，一是所有传媒品牌都具有的行业性特征，这是传媒品牌区别于其他品牌的主要依据，是传媒品牌的共性特征。二是不同类型传媒品牌的个性特征。根据基本属性和资源补偿方式的不同，世界上的传媒品牌主要有两种：公共事业性传媒品牌和商业性传媒品牌。前者以服务公众为基本特征，资源补偿主要依靠国家拨款、政策优惠或公民所缴纳的收视费等；后者以获取商业利润为基本特征，资源补偿主要通过市场系统获取。一般品牌理论往往以商业品牌为研究对象，把其他类型的品牌当作特例处理。传媒品牌研究则不能这样，因为商业性传媒品牌没有获得如此绝对的统治地位，以致我们在考察传媒品牌时可以把公共事业性品牌当作特例处理。

所以，对传媒品牌个性特征的分析，既包括对具有普适性意义的行业特征的分析，又包括对不同种类传媒品牌的个性特性的分析。从某种意义上说，后者具有更大的价值。

二、传媒品牌的行业性特征分析

首先，从经济效能来看，传媒品牌不同于一般品牌。传媒产品与一般物质性商品不同，它具有非独占性特点，一个消费者对传媒产品的消费，并不影响其他消费者消费的可能性，而且任何一个消费者的消费行为，不会对产品的使用价值造成实质性的损失。一般情况下，消费者购买的往往是产品的使用权，不是所有权。① 所以，传媒产品的边际成本

① 从媒体——受众关系来看，几乎所有的购买都是购买的使用权。内容制作商、内容集成商和媒体之间的购买方式要复杂许多，他们可能采用购买使用权的方式，也可能采用购买全部产权的方式。对于后一种方式来说，传媒产品的非独占性发生转移，但从产品价值的最终实现方式——与受众的关系来看，这个规律仍然是有效的。

会随着消费者的增加而迅速下降，利润迅速上升，因此，扩大消费者群体在传媒经营中具有非常重要的地位。传媒品牌是联系传媒组织、传媒产品与消费者关系的纽带，一个强势品牌代表着它在消费者中的高知名度、高美誉度和高忠诚度，因而是扩大消费者群体、增强传媒在消费者中的影响力的重要途径。从这个意义上说，较之其他产业，如工矿企业，传媒产业对品牌的依赖程度更大些。随着数字化技术在传媒产业的普及和媒介融合的发展，不同传媒组织、传媒产品之间的可替代性不断增强，传媒市场竞争日趋激烈，传媒品牌的重要性必将进一步凸显。

其次，传媒品牌具有强烈的意识形态特征。虽然其他产业或行业的品牌也有一定的意识形态色彩，如可口可乐代表着美国文化，香奈儿代表着法国的浪漫，华为和腾讯某种程度上是正在崛起的中国的象征，不过它们的意识形态表达是粗线条的、派生性的。传媒品牌则不然，从显在的品牌标示、品牌定位、推广口号、品牌经营行为、消费者群体到内隐的品牌个性、品牌理念、品牌情感，再到与不同主体相结合所表现出来的品牌价值（文化价值、国家价值、资本价值等），无一不体现出强烈的意识形态特征，有些品牌还是上层建筑不可或缺的组成单元，比如英国的 BBC 和中国的《人民日报》。当然，不同传媒品牌在意识形态方面的表现也不是整齐划一的，例如，新闻类品牌的意识形态特征最为突出，娱乐、资讯类品牌则要弱一些。但整体来看，传媒品牌的意识形态色彩，是一般商业品牌所不能比的。

再次，传媒品牌的传播途径不同于一般品牌。它不仅能采用其他品牌可以使用的一切手段，如广告、公关活动、促销活动等，其本身就是很好的传播途径。传媒与消费者接触多、关注度高，“二次传播”的概率大，所以，传媒品牌很容易打开知名度，使其“初具规模”。当然，如何避免消费者产生审美疲劳，是一个更大的挑战。一些失误或不和谐信息，更有可能被迅速传播，造成品牌的贬值。因此，传媒品牌的途径优势是一把“双刃剑”，可以“杀敌一千”，也可能“自损八百”，运用得好，可以成为得心应手的利器，运用不当，则有可能成为无法回避的“魔鬼”。总体来说，基于这一特点，传媒品牌比一般商业品牌更容易创建，也更难于维护。

最后要指出的一点，是传媒品牌的属“人”性。现代传媒产业具有大规模机械复制的特性，阿多诺曾把它称作“文化工业”，认为它已经成了经济生产“巨大机器的一个标本”，个人属性成了虚幻的东西。[①]但是，传媒品牌未必如此，许多品牌源自于传媒人的创造性思考，它承载着人的情感和体验，形成于品牌关系利益人之间的互动。法兰克福学派对工业化机械复制时代传媒产业的批判具有警示意义，却不是对当今传媒产业发展图景的客观描述，也未必揭示了它的发展方向。从 19 世纪 30 年代大众化报纸的产生，到广播电视的出现和发展，再到当今“第五媒体”（手机媒体）的迅速发展，一代代传媒人始终没有放弃传媒“人性化”的努力。尤其是现在，“人性化”乃至“人化”已经成为许多传媒人孜孜以求的发展目标，可穿戴传媒设备、VR 技术似乎昭示着更为乐观的未来。所以，传媒品牌，不是机器生产出来的死气沉沉的物品，而是承载着生产者和消费者情感、体验和创造灵感的属“人”的综合体。大卫·爱格说：“品牌就是人”，[②] 这一点在汽车品牌上体现要煞费苦心，在传媒品牌上则如鱼得水。凤凰卫视总裁刘长乐曾经指出媒体行业与印制业或电子制造业的不同：“后者是按部就班的，员工只要循规蹈矩就可以了，媒体人每天没有干一件重复的事，所有采访的事都是最新鲜的，冒着热气的，所以，在这种情况下，媒体人所表现的工

---

① 陈学明等：《社会水泥——阿多诺、马尔库赛、本杰明论大众文化》，云南人民出版社 1998 年版，第 38 页。

② ［美］大卫·爱格：《品牌经营法则》，沈云骢、汤宗勋译，内蒙古人民出版社 1999 年版，第 53 页。

作成绩和工作状态与他们有没有投身事业的精神是密切相关的。”① 用这段话来说明传媒品牌的属“人”性，是再恰当不过的了。

第二节 公共事业性传媒品牌的个性特征分析

一、公共事业性传媒品牌的个性特征构成及其组织基础

公共广播组织的定义性特点：完全免受竞争、对商业因素的严格控制、公共责任感、一个全国性的覆盖范围、政治中立性和非党派性、半自治、形成文字的规章制度、提供综合性的服务、多元化、文化角色。②

公共事业性传媒品牌的代表是英国广播公司（BBC）、日本广播协会（NHK）、加拿大广播公司（CBC）等组织品牌及其下属的绝大多数频道品牌、栏目节目品牌。这类品牌常常以高品位、有教养的形象出现，强调品牌的服务性、公共性，重视品牌的社会价值、文化价值、国家价值等非经济价值。中国中央电视台的“春节联欢晚会”大家耳熟能详，可以说是体现这些非经济价值的典型个案。英国的BBC也有异曲同工之处，其第一任掌门人约翰·里斯曾“花了很多年的时间劝说国王，让他站在家庭和作为一家之主的立场上，在圣诞节这个特殊的日子里，对坐在家里听广播的全国听众进行演讲”，结果圣诞节的皇家演

① 《伊拉克战事与凤凰卫视—访凤凰卫视总裁刘长乐》，新浪网（http：//www.sina.com.cn）2003年4月21日。

② ［英］露西·金-尚克尔曼：《透视BBC与CNN：媒介组织管理》，彭泰权译，清华大学出版社2004年版，第59-60页。

讲成为 BBC 的标志性节目，也成为英国的一个重要国家仪式和象征。①NHK 的长寿节目《和妈妈在一起》有着 45 年的历史，是一个以学龄前儿童为对象的融娱乐性、教养性为一体的节目，虽然绝对收视率并不算很高，却是 NHK 不可或缺的品牌节目。

这类品牌的基本性质是由其所属传媒组织的性质决定的。这类品牌一般归属于两种所有制媒体——公营媒体和国营媒体，英国和法国的广播电视业分别是这两种所有制的代表。这两种性质的媒体虽然在财政来源、管理体制、与政府的关系等方面有一定差别，但都强调它们的公共事业性质。BBC 宣称：它的核心目标是公共广播服务（The BBC' s core purpose is public service broadcasting）②，其价值观是：

●信任是 BBC 的基石：我们独立、公正而且诚实。

●做每一件事，我们都心系观众。

●通过品质和价值获取财富，我们为此感到骄傲。

●创新是我们组织的生命线。

●我们相互尊重并弘扬我们的多样化，以便最大限度地惠及每一个人。

●我们是一个 BBC：我们协力工作，共谋伟业。③

日本的《广播法》（1950 年 5 月 2 日以日本国法律第 132 条颁布）规定，NHK 是以视听费为事业运营来源的“特殊法人”，其中第七条明确规定：“NHK 是公共广播机构。”20 世纪 80 年代以来，西方国家掀起了一场传媒私有化浪潮，这些公营/国营传媒的基本性质也没有改变。

---

① ［英］奥利弗·博伊德－巴雷特、克里斯·纽博尔德编：《传媒研究的进路》，汪凯、刘晓红译，新华出版社 2004 年版，第 395－396 页。

② http：//www.bbc.co.uk/aboutthebbc/insidethebbc/howwework/policiesandguidelines/fairtrading.html，2016 年 8 月 30 日。

③ http：//www.bbc.co.uk/aboutthebbc/insidethebbc/whoweare/mission_and_values，2016 年 8 月 30 日。

2003年9月，在中国中央电视台举办的“中国·电视发展高层论坛”上，加拿大广播公司（CBC）执行副总裁瑞德考普先生明确指出：“加拿大广播公司强烈认为，电视应该是一项公共服务，普通人应该得到有创意的、促人思考的、有勇气的新闻。我们现在还有自己的标准和各项政策，指导我们每天的报道，我们每一个记者都要求熟知这个内容。……我们以真诚的原则发展我们的新闻事业，我们不会偏离这些原则”，NHK的代表也表达了类似的主张。在2004年6月上海电视节“世界传媒高峰论坛”演讲中，德国公共电视台ZDF的总经理马库斯·沙希特也一再明确该台的公共事业性质，并为此“深感自豪”。

近十几年来，随着传播成本的增加和执照费等收入的减少，公共事业性传媒组织确实遇到了更大的经营压力，并一定程度地增加了其商业性经营的比重。以BBC为例，从20世纪末开始，它就在不断增加其全球性品牌BBC WorldWide的商业经营以增加商业收入，当然，如何协调和平衡它的商业活动和它使用公共资金的身份之间的必然的矛盾，一直是BBC经营管理的重要问题。[①] 对照十年前BBC的核心价值观（“告知、教育和娱乐”“服务于每一个人，丰富人们的生活”[②]），我们可以清楚地看到这方面的细微变化。不过，它仍然坚守了其作为公共事业性传媒组织的核心特征。

所以，公共事业性传媒品牌的经营，主要是对品牌的管理，包括战略管理和日常性管理，规划、组织、协调品牌建设，促进品牌成长和品牌系统的整合，壮大品牌，以更好地服务于公众。许多商业性经营方法，尤其是以营利为目的的市场化运作手段，在公共事业性品牌的经营中是不能使用的，或者只能限制使用。比如，公营媒体的组织品牌，像BBC、NHK以及它们下属的频道品牌，都是不能自由买卖的，这些品

① ［英］露西·金－尚克尔曼：《透视BBC与CNN：媒介组织管理》，彭泰权译，清华大学出版社2004年版，第112页。

② 资料来源：BBC官方网站（http：//www.bbc.co.uk），2005年4月4日。

牌向其他事物进行品牌延伸，也有很大的限制。假如英国广播公司把“BBC”延伸到某一具体商品，那将可能引起英国公民的众多讨伐之声，因为BBC要确保“满足不只是社会的一个潜在利益阶层的需要，而是整个英国社会”，[①] 所以，BBC商业性经营的重点，主要是其面向全球市场的BBC WorldWide以及文化类项目。尽管如此，要在商业经营和服务公众利益之间找到令人信服的充足理由，仍是一件非常困难的事情。

二、坚守品牌个性，创建公共事业性传媒品牌的竞争优势

历史上，公共事业性传媒品牌和公营/国营传媒组织有着高度的一致性，即公共事业性传媒品牌都属于公营/国营传媒组织，公营/国营传媒组织内的品牌也几乎都是公共事业性质的。因为，这些公营/国营传媒组织在所属国家曾长期处于绝对垄断地位，而且财源稳定，一般来说品牌经营意识不强，其品牌和品牌系统几乎都是自发形成的。但是，从20世纪80年代开始，随着西方传媒产业的私有化浪潮和传媒全球化的发展，商业传媒力量在全球范围内迅速崛起，对公营/国营传媒构成了巨大威胁。壮大自己的品牌，在与众多私营品牌的斗争中获取更大的生存空间，逐渐被各公营/国营传媒组织提上日程。BBC就是这方面的先行者，从20世纪末期开始，它就斥巨资请兰贝·奈恩（Lambie - Nairn）公司为其进行品牌重塑工作，[②] 其下属公司BBC WorldWide还于1998年成立了全球营销和品牌开发部，专门经营BBC品牌。[③]

公营/国营传媒组织的品牌经营，主要表现为两种方式。第一种是公共事业性品牌的建设与管理，像BBC的品牌重塑工程。这类经营管

① 陆地：《世界电视产业市场概论》，中国人民大学出版社2003年版，第120页。

② 香港CMM信息咨询有限公司编译：《世界2003 - 2004电视媒体指南》，中国国际广播出版社2004年版，第20页。

③ 黄玉：《英国广播公司的全球品牌意识与战略》，http：//www. eroute. com. cn，2002年12月5日。

理活动与其服务公众的理念和行为是相一致的，一般不会招来太多非议。第二种是商业性品牌的经营，这种经营一般都是由公营/国营传媒组织的商业子公司来运作的。这样，一个问题出现了——如何划清这种经营和第一种活动的界限以保证公共事业性品牌的形象，保证公众权益不会因此受到损害或承担不必要的风险？这是公营/国营传媒组织品牌经营的一个难点，也是人们关注、争论的一个焦点所在。绝大部分公营/国营传媒组织都对商业活动制定了明确的约束规则。例如，BBC 明确规定其商业子公司的商业活动必须做到：在运作和财务方面，公众资助行为同商业行为明确区分；商业子公司从 BBC 其他部门获取物质或服务，均须支付费用；BBC 由公众资助的服务项目不得用于推销 BBC 的商业产品或服务。[①] 但这些规定多是针对财务、物质等“有形”资产方面的，“品牌”这种无形资产如何区分，还没有行之有效的操作规范。BBC 和 ICL 合资组建的商业性网站 beeb. com，一直利用 BBC 的内容和品牌。这种行为不但招致了一些消费者的非议，BBC 的竞争者更是牢骚满腹。英国的电信监管者 Oftel 和“独立电视网”（ITN）都认为，这种做法“剥削了由公共资金建立起来的品牌资源”，因而“‘交叉补贴（cross - subsidy）’就不可避免”。ITN 还指出，用户可以从公共服务站点“BBC 在线”很轻松地转到 beeb. com 这个商业站点上去。英国广播公司对这种现象的解释是，让 beeb. com 使用这些材料的目的是为了进行节目的推广，结果是推广的费用和使用材料的费用相互抵消。尽管如此，英国广播公司还是在一次结构重组中把它的一些原创品牌内容如“流行排行榜”“极品飞车”等从 beeb. com 转移到了“BBC 在线”这个公共服务站点。[②] 看来，公共事业性品牌和商业性品牌的区隔问题，在短时间内是难以完全解决的。

---

① 陆地：《世界电视产业市场概论》，中国人民大学出版社 2003 年版，第 132 页。

② 参见［英］戴维·冈特利特主编：《网络研究：数字化时代传媒研究的重新定向》，彭兰等译，新华出版社 2003 年版，第 239 - 245 页。

笔者认为，公共事业性传媒组织的品牌发展重点，应该是公共事业性品牌，而不是商业性品牌。后者尽管近年来在公共事业性传媒组织中增长较快，但它只能是组织以公共事业性品牌为主的品牌系统的一种“补缺”和“延伸”，以丰富公共事业性传媒组织的品牌系统，充分开发其潜在资源，但其本身很难生成相对于商业性传媒组织品牌系统的竞争优势。按照普拉哈拉德和哈默尔的核心竞争力理论，一个组织的竞争优势来源于它的核心竞争力，这种竞争力有三个特征：（1）能够给客户带来巨大的价值；（2）能够支撑多种核心产品（3）竞争者难于复制或模仿。[①] 很显然，公共事业性传媒组织的商业性品牌处于被支撑的地位，它的商业属性是很容易被复制和模仿的，它本身就是对商业性传媒组织品牌经营的一种模仿。它能够给消费者带来一定的价值，但这种价值回报是建立在公共事业性传媒组织的核心价值回报基础上的——以公众或国家为主要服务对象、提供普适性的公共服务是公共事业性传媒组织的核心价值，是它得以存在的理论基石和法律前提，也是它获取品牌竞争优势的核心动力源。

所以，开发商业性品牌对公共事业性传媒组织是必要的，但不能“喧宾夺主”。公共事业性传媒组织要确立自己的品牌竞争优势，关键在于利用自己在资源、能力和核心竞争力方面的独特优势，塑造自己的品牌个性，创建强大的公共事业性品牌和品牌系统。BBC、NHK 的强大，不在于它们如何效法商业性传媒组织的品牌经营，而在于它们公共事业性品牌的强势地位不可撼动。中央电视台在中国电视市场一枝独秀，未必是由于它的商业运作高人一筹，其公共性质带来的垄断地位及其《新闻联播》、春节联欢晚会等公共品牌的强大，才是它取得超越国内其他电视媒体品牌价值数倍的关键所在，正像央视网首页的旗帜广告

---

① 周三多、邹统钎：《战略管理思想史》，复旦大学出版社 2003 年版，第 349 页。

所标示的“国家平台成就国家品牌”,[①]“国家平台”是中央电视台的身份属性，也是它打造品牌的关键所在。所以，传媒品牌尤其是公共事业性传媒品牌的价值，不仅在于它的经济效益如何，更取决于它的社会效益如何，这个道理，不仅专家学者知道，消费者也“心中自有一杆秤”。从这个意义上说，公共事业性传媒组织提升其公共事业性品牌的竞争力，也是它搞好商业性品牌经营的关键所在。

第三节　商业性传媒品牌的个性特征分析

除了上面提到的公营/国营传媒组织的一些商业性品牌，商业性传媒品牌的“主力军”是私营（包括合营和股份制等形式）传媒组织的品牌。这类品牌具有一般商业品牌的特点，遵循商业品牌的运作规律，一般品牌理论中所分析的传媒品牌个案，绝大多数都是从这个层面引用的。

这是不是说商业性传媒品牌就等同于一般商业品牌了呢？答案显然是否定的。除了本章第一节提到的行业特征外，商业性传媒品牌还具有突出的个性特征。这种个性特征主要体现在两个方面：品牌的双重属性和相关利益人的与众不同。

一、商业性传媒品牌的双重性

商业性传媒品牌的双重性，源于商业性传媒（组织）的双重性，即商业性传媒（组织）既具有公共服务的事业性质，又具有商业性质。所以，考察商业性传媒品牌的双重性，要从商业性传媒（组织）的双重性谈起。

---

① http：//www. cctv. com，2016 年 9 月 2 日。

（一）商业性传媒（组织）的双重性

从第一份成功的近代廉价报纸在美国产生开始，商业性传媒的双重性历史就开始了。1830 年，本杰明·戴在《纽约太阳报》的创刊号上宣称："本报的目的是办一份人人都能买得起的报纸，为公众报道当天的新闻，同时提供有利的广告传媒。"[①] 这可以看作是商业性传媒双重性的"开场白"。在此后近一百年的时间里，尽管一直有人试图用纯粹的生意人的眼光和逻辑来经营商业性报纸，如被威廉·艾伦·怀特称为"以一个肉类加工商的天赋、一个银钱兑换商的道德和一个殡葬人的作风"[②] 来对待报业的弗兰克·芒西，但一直没有人取得多大的成功。

20 世纪二三十年代，无线广播电视的出现为传媒产业的公共服务性质增添了新的砝码。世界上许多国家采用了事业性广播制度，即使一直采用商业性广播制度的美国，也把"公共利益"作为广播的重要属性和经营要求。1927 年的美国《无线电法》规定，只有在"有利于公众、方便于公众，或者出于公众的需要"的前提下"提供公正、有效、机会均等服务"的电台才能获得执照。[③] 美国国会于 1934 年设立了联邦通讯委员会，其主要目的就是监督经营广播电台的人按"公众利益、方便和需要"来办广播。[④]

对于商业性传媒的双重性，许多专家学者和业界人士都曾有过论述。马克思就曾指出："报纸是作为舆论纸币流通的"，[⑤] 报刊是"一个

---

① 张隆栋、傅显明编著：《外国新闻事业史简编》，中国人民大学出版社 1988 年版，第60 页。

② 转引自［美］迈克尔·埃默里、埃德温·埃默里：《美国新闻史：大众传播传媒解释史》，展江、殷文主译，新华出版社 2001 年版，第 338 页。

③ 转引自［美］迈克尔·埃默里、埃德温·埃默里：《美国新闻史：大众传播传媒解释史》，展江、殷文主译，新华出版社 2001 年版，第 318 页。

④ ［美］梅尔文·德弗勒、埃弗雷特·丹尼斯：《大众传播通论》，颜建军等译，华夏出版社 1989 年版，第 104 页。

⑤ 《马克思恩格斯全集》（第 7 卷），人民出版社 1971 年版，第 523 页。

有收入的文字事业”。[①] 哈贝马斯则把大众媒体看成是理想型公共领域的代表，其主要依据就是大众媒体介于私人领域与国家机器之间。[②] 美国伊利诺斯州立大学传播学研究所教授罗伯特·W·迈克切斯尼表述得更为详细：“新闻事业一直被所有的商业媒体视作为一个公共服务，特别是商业广播公司，它们通过播发丰富的新闻为公众提供服务。……在20世纪的大部分时间里，传媒公司一直将新闻事业的最高理想挂在嘴边，以此来解释为什么它们应当受到《第一修正案》的保护，为什么在政治经济生活中具有特殊的地位。”[③]

现在，商业性传媒具有公共性和商业性双重属性，已经成为很多人的共识。我们从《纽约时报》的一则报道中可见一斑。2001 年 7 月 18 日，《纽约时报》突然发表了一篇长达 4000 多字的报道，其导语写道：

“曾将《华盛顿邮报》由一份普通报纸发展成全国著名的国家公器，同时也使自己由一位害羞的寡妇变为出版界奇人的凯瑟琳·格雷厄姆，上周六在爱达荷州摔倒在一个人行道上，头部受伤，于昨日逝世，享年 84 岁。”[④]

“国家公器”“出版界奇人”，用这两个词语评价凯瑟琳·格雷厄姆的传奇一生，表现了《纽约时报》对这位知名报人的高度敬仰，也形象地说明了美国商业性媒体的双重属性。

然而，公共性和商业性从来没有能够在商业性媒体中“和平相处”，它们一直处于不断的矛盾和冲突之中。“报纸的双重身份：一方面它们申明是为公众利益服务的半公共事业机构；另一方面又是非常自

① 《马克思恩格斯全集》（第 27 卷），人民出版社 1971 年版，第 159 页。

② 参见（台湾）张锦华：《传播批判理论》，黎明文化事业股份有限公司 1993 年版，第204 页。

③ ［美］罗伯特·W·迈克切斯尼：《富媒体　穷民主：不确定时代的传播政治》，谢岳译，新华出版社 2004 年版，第 57 页。

④ 辜晓进：《走进美国大报》，南方日报出版社 2002 年版，第 87 页。

私的私营营利企业。这两方面经常发生冲突。作为企业，报纸追求利润，它既是商业界成员和大雇主，也是商会的成员。作为半公共事业机构，报纸被看作是公共利益的守护者，并常被认为是政府和其他权力部门的敌对者。”① 梅尔文·德弗勒所说的这种追求私人商业利润和服务公共利益的矛盾，时至今日依然存在，甚至大有冲突越来越激烈之势。

（二）新闻专业主义与编营分离

如何解决上述矛盾？秉承新闻专业主义理念和实行编营分离是多年来的基本思路。

新闻专业主义是一套源于美国并影响到世界其他国家的传媒职业理念和话语体系，其基本原则包括：（1）传媒具有社会公器的职能，新闻工作必须服务于公众利益，而不仅限于服务政治或经济利益集团；（2）新闻从业者是社会的观察者、事实的报道者，而不是某一利益集团的宣传员；（3）他们是信息流通的“把关人”，采纳的基准是以中产阶级为主体的主流社会的价值观念，而不是政治、经济利益冲突的参与者或鼓动者；（4）他们以实证科学的理性标准评判事实的真伪，服从于事实这一最高权威，而不是臣服于任何政治权力或经济势力；（5）他们受制于建立在上述原则之上的专业规范，接受专业社区的自律，而不接受在此之外的任何权力或权威的控制。② 很显然，如果传媒从业人员都能够秉承这种理想型的新闻专业主义理念，就能够有力地保证传媒产业的公共性得以真正实现。

编营分离是建立在新闻专业主义基础上、保证编辑部门不受媒体商业因素影响的工作原则。按照罗伯特·W·迈克切斯尼的说法，20世纪早期，随着新闻专业主义理念的兴起，编营分离日益成型：“主张编

① ［美］梅尔文·德弗勒、埃弗雷特·丹尼斯：《大众传播通论》，颜建军等译，华夏出版社1989年版，第121页。

② 陆晔、潘忠党：《成名的想象——社会转型过程中新闻从业者的专业主义话语建构》，传媒资讯网（http：//chinese. mediachina. net）2004年10月15日。

辑过程与媒体所有者和广告商的监督进行分离，这样做的目的是使人们更加相信，编辑新闻是一项‘公共服务’。”①

那么，新闻专业主义和编营分离原则是不是真的仅仅是为了保证商业性传媒履行公共义务呢？许多学者不以为然，指出它们即使不是商业性传媒粉饰自己的理由，至少也是历史巧合和公私因素重叠的产物。从美国传媒产业发展的历史来看，20 世纪 80 年代以前，新闻专业主义和编营分离原则促使媒体追求新闻的客观、准确，在政治上中立，这是和当时媒体追求最大多数的受众并以此来吸引广告、获取盈利的商业利益相一致的。罗伯特·W·迈克切斯尼对此这样解释：“精明的出版商人意识到，他们需要让他们的新闻看上去中立、无偏见……编辑工作和商业事物分开的原则——术语称为‘教堂’与‘国家’的分离——变成了职业模式。读者尽可相信他们所读的东西，所有者则把他们的中立的垄断性报纸卖给社区里的每一个人，获取利润。”② 金碚先生也提出过类似的看法：“所谓编辑方针同经营目标的分离，采编业务同广告业务的分离，投资者利益同报纸业务的分离，并不是使编辑方针同经营目标不相关，而是使之在更高意义上相容、协调和统一。”③ 简单地说，新闻专业主义和编营分离原则不仅仅是为了保证传媒履行公共义务，也是由于“政治上的中立就是商业上的盈利”，“实行客观性法则有利可图”。④ 一些研究成果为此提供了证据。1975 年，美国著名学者本·巴格坎迪做了一项研究，他以美国 60 年代倒闭的 164 家报纸为基础材料，寻找日报成功和失败的原因。“结果是非常清楚的，失败的报纸比起它们成功的对手要少百分之二十三的重要新闻和其它各种新闻。成功的报

---

① ［美］罗伯特·W·迈克切斯尼：《富媒体　穷民主：不确定时代的传播政治》，谢岳译，新华出版社 2004 年版，第 23 页。

② Robert W. McChesney，Journalism，Democracy，… and Class Struggle，Monthly Review November 2000.

③ 金碚：《报业经济学》，经济管理出版社 2002 年版，第 184 页。

④ 李良荣：《西方新闻事业概论》，复旦大学出版社 1997 年版，第 49 页。

纸要多出百分之二十一的地方新闻和百分之十八的全国性新闻。那些考察全面质量的专家小组（他们不知道数量研究的结果）判定成功的报纸在新闻总的质量上要好得多。"[①]

这样，我们就不难理解，为什么20世纪80年以前许多媒体，尤其是知名媒体如美国的四大报（《纽约时报》《华盛顿邮报》《华尔街日报》和《洛杉矶时报》）、三大广播电视网（NBC、ABC、CBS）、英国的《泰晤士报》等，都声称奉行新闻专业主义理念和编营分离原则。同样的道理，我们也就不难理解，20世纪80年代中期以后，随着生态环境的改变，尤其是基于传媒产业竞争的加剧和随之而来的购并狂潮，"教堂"（编辑）和"国家"（经营）之争会愈演愈烈，以致出现了马克·威利斯对《洛杉矶时报》所进行的改革那样激进的行为。[②] 这并不是说马克·威利斯的做法一无是处，而是要指出，对《洛杉矶时报》这个传统强势报纸品牌来说，这种做法似乎不太合适——该报传统的办报宗旨、编辑人员多年培养起来的专业理念、读者对这份传统大报"公共角色"的期待等，都是威利斯改革失败的重要原因。其实，在美国，许多小型的媒

① ［美］本·巴格坎迪：《传播传媒的垄断》，林珊、王泰玄译，新华出版社1986年版，第140页。

② 20世纪90年代，《洛杉矶时报》经营状况不断恶化。华尔街宠儿马克·威利斯入主时报镜报集团，开始了他雄心勃勃的改革历程。他不但通过裁员等来控制成本、紧缩开支，更引人注目的是在报社内部大力推行"完整的报纸"和"消费者导向"原则：在报社内设立总经理，全权负责所有事务，然后将不同版块的编辑部门重组为不同的生产部门，每个部门有一位经理人员负责，称作"产品经理"，编辑要与"产品经理"共同讨论确定版面内容。各"生产部门"即使不能直接盈利，也必须采用"可供评测"的办法为扩大发行量而努力。一时间，马克·威利斯的做法成为人们关注的焦点，赞成者有之，怀疑者有之，反对者也绝非少数。4年过去后，他的改革正面效果并不显著，负面效应却在"Staple Center"丑闻中一齐爆发出来，最终导致排名第四的时报镜报集团被排名第八的论坛报集团以90亿美元收购，自己的位置也被被称为"记者中的记者、编辑中的编辑"的约翰·卡罗尔取代。卡罗尔重新恢复了编辑权和经营权分离的原则，建立了较高的工作标准，并强调员工之间的沟通和认同，使他们自觉地朝这个目标努力。在卡罗尔的影响下，《时报》重新焕发了生机，并一举夺得2004年普里策新闻奖的五项大奖。

体尤其是一些“窄化”的广播媒体比威利斯走得更远，可以说是“广告导向型”的，却取得了成功。从这个意义上说，一个传统的大品牌，既是一份财富，也可能变成一种负担，关键在于你怎样利用它的优势，避开或弥补它的弱点。有一种现象为此提供进一步的证据：纵观世界传媒发展的历史，可以发现这样一个规律：传统强势品牌往往更注重专业主义和编营分离，维护和提升自己专业、客观、国家公器的品牌形象，新兴品牌则更注意打造自己新潮、实用、富有情感、充满活力的品牌形象。

所以，从传媒品牌角度看，新闻专业主义和编营分离原则不是僵死的教条和不变的准则，而是协调商业性传媒品牌公共性和商业性关系的一种企业理念和经营手段。每一个商业性媒体都要依据自己的历史传统、现有资源、生态环境和发展目标，在不同的时期对新闻专业主义和编营分离原则做出自己的解释，制定相应的行为准则，以利于建立强大的品牌资产。这是一个平衡传媒的公共性和商业性、长期发展目标和短期盈利能力、编辑人员和经营人员的关系和地位等因素的动态管理过程。

美国有线电视新闻网（CNN）三十多年的发展历程形象地说明了这一点。CNN 长期以来被认为是世界即时新闻报道的第一品牌，其实它的新闻理念、它的编辑和经营之间的关系一直在动态变化。1980 年，目光远大的特纳瞄准了“新闻频道”这一市场空白点，全力打造 CNN。创建初期，CNN 秉承“我们的新闻是全球新闻”的理念，致力于世界上重大新闻事件的报道，以扩大自己的品牌影响力。特纳给予编辑部门极大的独立性，使它几乎不受经营部门的多大影响。到 90 年代初，CNN 已经成为世界新闻报道的强势品牌。但是，CNN“报道危机新闻网络”的形象并不能吸引稳定的观众群，它的经营业绩也像重大新闻事件一样起起落落。[①] 在这种情况下，CNN 开始战略转型，其简明新闻

① ［美］凯文·莱恩·凯勒：《战略品牌管理》，李乃和等译，中国人民大学出版社 2003 年版，第 19 页。

制作人丹尼斯·纽曼（Dennis Newman）说："如何在平静的日子里吸引观众的注意，是我们最需要解决的问题"。[①] 于是，90 年代中期，它开始走向娱乐化，推出更多的低成本谈话类节目，目标就是使其盈利模式"日常化"。并入时代华纳以后，尤其是美国在线和时代华纳合并之后，作为时代华纳的一个分公司，CNN 面临着一方面要保持已经形成的品牌形象，另一方面又要融入总公司的两难抉择之中，新闻的娱乐化色彩越来越浓。于是，悬挂在 CNN 总部大楼上的口号变成了"The World's Leader of News&Entertainment"（"世界新闻界和娱乐业的领袖"），[②] 编辑和经营之间的界限也模糊了不少。2001 年 1 月 17 日，仅仅在美国在线与时代华纳 1200 亿美元的合并被美国联邦商业委员会（FCC）通过之后六天，CNN 就以"提高效率"为名宣布裁员 400 人，采编人员纷纷抱怨人手不足，但于事无补。[③] 当然，这并不意味着 CNN 在新闻专业主义和编营分离原则上越走越远。近年来，它在新闻专业主义和编营分离方面没有更多的举措，而是致力于公司的网络化和新媒体转型，推出了"移动、视频、全球"三大法宝，稳固了其在美国和全球新闻行业的领先地位。[④]

二、商业性传媒品牌关系利益人的特殊性分析

关系利益人是相关利益团体模型中的一个概念，指"那些将受益于或受损于公司运营的人"[⑤]。相关利益团体模型是研究企业与政府、

---

① 卢咏：《走进 CNN》，《新闻记者》2002 年第 4 期。

② 张允诺：《走近 CNN：美国有线电视新闻网总部见闻》，《新闻记者》2001 年第 2 期。

③ 赵剑飞：《拯救 CNN》，《经济观察报》2001 年 11 月 26 日。

④ 杜毓斌：《美国有线电视新闻网（CNN）的新媒体转型之路》，《南方论坛》2016 年第4 期。

⑤ 有些书中也称为"相关利益者""相关利益团体""利益相关者"，这儿采用的是《品牌至尊：利用整合营销创造终极价值》和《品牌学》中的说法。参看［美］汤姆·邓肯、桑德拉·莫利亚蒂：《品牌至尊：利用整合营销创造终极价值》，廖宜怡译，华夏出版社 2000 年版；余明阳主编：《品牌学》，安徽人民出版社 2002 年版。

与社会关系的主导理论模型之一，和另一主导模型——市场资本主义模型主要强调投资者的利益不同，它主张每一个关系利益人的利益都必须考虑，认为这不仅仅是一种基于道德上的考虑，而且是现代企业的必然选择。① 按照汤姆·邓肯、桑德拉·莫利亚蒂的观点，传统的价值链观点已经与工业经济一起过时，应该代之以“价值范畴”的观点，精心经营关系利益人之间的关系。品牌，则集中体现了这一必要性，它“存在于关系利益人的内心和想法中”，是关系利益人互动的产物，因此，“经营所有关系利益人的互动网络是绝对必要的”。②

一个品牌的关系利益人可分为内部关系利益人和外部关系利益人，内部关系利益人包括所有者、生产者、管理者、营销者等，外部关系利益人包括政府、消费者、原料供应商、竞争者、媒体等。

传媒品牌关系利益人的结构和一般品牌大体一致，但要相对复杂，尤其是商业性传媒品牌，表现更为突出。这种复杂性，主要来源于商业性传媒的双重性。如前文所述，商业性传媒既有商业性，又有一定的公共事业性质。尽管商业性传媒的经营者一再为我们描述商业性和公共性“一举两得”的美好图景，公共性和商业性在商业性传媒中并非总是“和平相处”，甚至可以说，矛盾和冲突是它们更为常态的表现形式。

这种矛盾和冲突往往具体化为关系利益人之间的矛盾和冲突，传媒组织、广告商、受众之间的矛盾，传媒组织与政府的矛盾、组织内部营销人员和采编人员的矛盾等，都是管理者不可回避的。如何调和这些矛盾，平衡各方面的利益关系，调动各方面的积极性，从而在矛盾中追求最优化的整合，是每一个商业性传媒管理者必须面对的挑战。

这种挑战，主要集中在三个方面，即传媒与两种消费者的关系、传

---

① ［美］乔治·斯蒂纳、约翰·斯蒂纳：《企业、政府与社会》，张志强等译，华夏出版社 2002 年版，第 14－15 页。

② 参看［美］汤姆·邓肯、桑德拉·莫利亚蒂：《品牌至尊：利用整合营销创造终极价值》，廖宜怡译，华夏出版社 2000 年版，第 11－15 页。

媒内部人员之间的关系以及传媒与政府的关系。

（一）传媒品牌与两种消费者的关系

一般企业品牌只有一种消费者，这个消费者团体在逻辑上是具有同一性的。在这种情况下，品牌与消费者的关系相对简单，品牌管理的主要工作是处理好与这个团体的互动关系，同时时刻关注竞争者的发展变化，并通过政府、媒体尽量施加正面的影响。如图 1－1 所示：

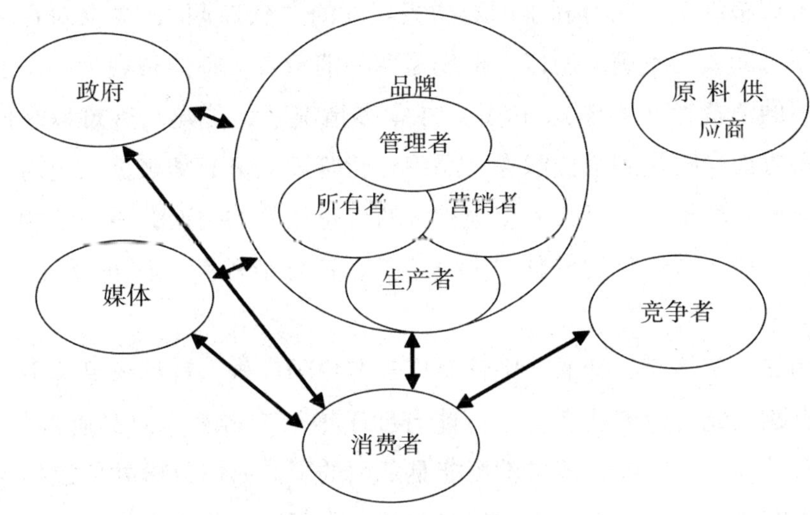

图 1－1　一般品牌与消费者的关系图①

商业性传媒品牌则要复杂很多，由于传媒本身是一个理想的广告载体，任何一个传媒都存在着潜在的两重消费者：受众和广告客户。如何处理与受众、与广告客户的关系，是商业性传媒组织品牌建设的一个独

① 主要参考乔治·斯蒂纳、约翰·斯蒂纳的相关利益团体模型和汤姆·邓肯、桑德拉·莫利亚蒂的价值范畴图。参见［美］乔治·斯蒂纳、约翰·斯蒂纳：《企业、政府与社会》，张志强等译，华夏出版社 2002 年版，第 14 页；［美］汤姆·邓肯、桑德拉·莫利亚蒂：《品牌至尊：利用整合营销创造终极价值》，廖宜怡译，华夏出版社 2000 年版，第 15 页。

特课题。[①] 对于一个商业性传媒品牌来说，与受众、与广告客户的关系同时达到最优化状态，是最理想的情况。但是，这种理想的情况在现实中几乎是不可能达成的，因为受众和广告客户之间有相统一的一面，也有相矛盾的一面。在一些情况下，他们的利益是正相关的，例如，一张报纸提高新闻报道质量是受众欢迎的，广告客户一般情况下也希望看到这种情况。在另一些情况下，他们之间的利益可能是冲突的，比如，广告商希望报纸多一些有利于创造购买氛围的“软新闻”，受众对这一做法则很可能大为不满。所以，他们是两种消费者，不能被视为一个逻辑上统一的消费者（团体）。因此，在很多情况下，传媒品牌难以在两者的关系方面同时达到最优状态，品牌经营管理人员必须根据情况对两者做出取舍和均衡，以最大限度地扩大两者正相关的一面，减小负相关的一面，获得两者优化的整体“最大值”。其复杂程度，何止增加一倍。如图 1－2 所示：

例如，某传媒品牌的一则针对广告客户的广告，宣称该品牌吸引了多少有购买能力的消费者。它可能有助于增加广告客户对品牌的好感，但受众看到这则广告，效果就可能是负面的了。所以，国外传媒品牌针对广告客户的宣传，多是组织传播型的。中国不少传媒组织把这类广告投放到大众媒体上，可以说“真诚得可爱”，效果如何，实在不得而知。

---

① 商业传媒一般有三种营利模式选择：纯粹依靠卖产品获得收益，如某些单靠发行收入营利的报纸和收费电视频道等；纯粹靠广告收入获得收益，如免费报纸和不收费的电视频道等；通过向受众收费和广告经营双重销售获益，如绝大多数商业性报纸等。现在，除了收费电视频道和少量的报纸、杂志单纯靠卖产品营利外，世界上绝大多数商业传媒都采用了后两种模式，他们都面临两种消费者：受众和广告客户。其实，三种营利模式只是商业性传媒运作的三种表现方式，没有实质性的差别。它们之间是相通的，一旦受众、广告市场和传媒组织及其所提供的产品发生变化，商业传媒可以很容易地从一种营利模式转到另一种营利模式，如单纯靠发行营利的报纸转变到靠发行和广告营利，等等。从这个意义上说，两种消费者是任何一个商业性传媒品牌都必须认真面对的问题。

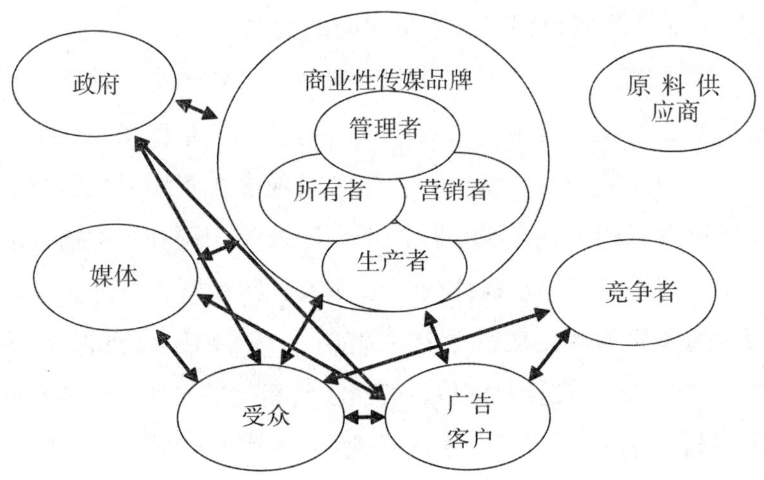

图1-2 商业性传媒品牌与消费者（受众、广告客户）关系图

其他关系利益人也可能在传媒品牌—受众—广告客户关系中扮演重要角色。例如，一个以监督政府知名的电视频道，可能很受观众欢迎，收视率很高，但政府对它非常不满。在这种情况下，一家公司要在这个频道上投放大量广告，恐怕是要先将与政府的关系和投放广告取得的效益放在天平上称一称的。

当然，随着媒介环境的变化，三者的关系也不断发生变化，一些新的现象和发展趋势值得关注。例如，随着受众传播能力的增强和传受互动成为传播的新趋势，许多传媒组织主动敞开怀抱，自我“透明化”，让受众了解自己，吸引受众深度参与自己的各项活动。BBC、福布斯等诸多媒体纷纷在其网站上增加了一个叫作“内部”（Inside）的栏目，向人们介绍自己的观点、理念、近日大事甚至经营管理活动。2012 年，福布斯甚至专门开发了一个叫作“品牌之声”的项目，在自己的网站上开辟一个空间，由广告商自己发布内容宣传自己，福布斯只负责把关和收取“版面费”。对于这一做法，业界评价不一，但福布斯却一直坚持了下来，而且声称收益不错。现在，“福布斯品牌之声”（Forbes-BrandVoice）已经是一个声色并茂的独立网站了。

（二）商业性传媒组织内部人员之间的关系

首先，是采编人员和经营人员之间的关系问题。本节前面分析了商业性传媒的双重性质，指出从宏观的、长期发展的角度来看，这两种属性是统一的，但在某一发展阶段，它们又呈现出相互矛盾的一面，传媒品牌与两种消费者的关系，也一直处于不断冲突、调和、均衡和取舍的动态过程中。这些因素导致媒体内部采编人员和经营人员的关系始终处于一定程度的矛盾和冲突状态之中。例如，一个以社会公器品牌形象出现的媒体，如美国的《纽约时报》，必然注重新闻的专业性、传媒的公共性和知名编辑记者的宣传，经营人员则很大程度上成了“默默的奉献者”。而在许多小型商业广播电台，情况就截然不同了，经营人员的地位往往比较高，因为这些电台是广告导向型的，它们的命运很大程度上取决于经营人员的业绩，取决于它们在广告商眼中的形象。所以，如何处理好采编人员和经营人员之间的关系，最大限度地化解矛盾，建立沟通，增加内部人员的凝聚力，以形成一致的品牌认同，[①] 同时向外部发出一致的品牌信息，这是传媒组织品牌建设的一个重点问题，也是一个难点问题。

考察传媒组织内部人员的关系，还要注意到一种现象，即它的“生产者”包括两种不同类型的劳动者：编辑记者和产业工人。目前，绝大多数传媒组织的生产结构仍然是“知识生产 + 大机器生产”类型。“知识生产”的生产者是编辑记者，他们从事的是创造性的、高智力的活动，需要创造激情和张扬的个性；“大机器生产”的生产者是产业工人，他们从事的是复制性的、简单的劳动，更需要规范和统一。要使这两类生产者都最大限度地发挥积极性，既需要体制和机制的保证，更需要管理和

---

① 品牌认同是美国品牌专家大卫·爱格提出的一个概念，指品牌管理人员想要人们如何看待自己的品牌，这种认同是管理人员形成共识并实行主动传播沟通的基本内容。爱格还区分了它和品牌形象、品牌定位的区别：品牌形象是人们如何看待这个品牌，品牌定位是经常被品牌管理人员拿出来向消费者宣传的品牌认同。参见［美］大卫·爱格：《品牌经营法则》，沈云骢、汤宗勋译，内蒙古人民出版社 1999 年版，第 39－40 页。

领导的艺术。现在，国内许多媒体都在强调倡导媒介融合与“全媒体”发展，要求记者成为“全媒体”记者，既能写，又能拍，还能编辑和评论。然而，想法很美妙，现实太“骨感”，且不说有些记者难以做到“样样精通”，即使那些能够成为“多面手”的记者，要完成超过以往数倍的任务量，只能草草应付了。目前中国传媒界缺乏新面孔，与传媒组织对“知识生产”的重视不够、编辑记者穷于应付日常工作有很大关系。

凤凰卫视总裁刘长乐在谈到自己的管理经验时说：“尽管我本人一直小心低调地做人，如履薄冰地做事，但在凤凰内部我们不断地庆祝成功，不断地让我们的记者享受他们在劳动和采访过程中获得的成功。文涛一做完节目，就想听到我的第一反应，我会给他鼓励和表扬：你又干了一件大事，文涛的品牌又增添了新的色彩。”[①]“如履薄冰地做事”和鼓励员工不断创造、享受成功，体现了刘长乐对传媒产业既需要严谨、规范，又需要创新的一种个性化理解。凤凰卫视及其节目品牌精致而又富有个性化、创造性，与刘长乐的这种管理理念是分不开的。

（三）商业性传媒与政府的关系

在传媒品牌的关系利益人中，政府是一个关键性的角色。“我们认为它（政府）的确在许多方面扮演着一个积极的角色，在一个高度工业化的社会它必须这样做。……宪法第一修正案意在保证言论自由，不是要制造一个特权工业。不能曲解第一修正案，阻止采取特殊立法管理特定类型的表达。在第一修正案里，或在我们的政治传统里，没有任何因素阻止政府参与大众传播：运营国有传媒、补充信息私有来源（的不足），为私有竞争制定规则。”[②] 这种说法不仅反映了美国的情况，也基本上概括了世界各国传媒与政府的基本关系。从不同的层面看，政府既是传媒产业游戏规

① 《伊拉克战事与凤凰卫视—访凤凰卫视总裁刘长乐》，新浪网（http：//www.sina.com.cn）2003年4月21日。

② Commission on Freedom of the Press：A Free and Responsible Press，The University of Chicago Press，1947，p81.

则的制定者和监管者，又是一个重要的原材料供应商，还是一个重要的消费者（广告客户），它可以通过制定传播规则、控制新闻信息的披露、政府性广告投放等途径来影响媒体。另一方面，媒体一定程度上又代表着民主的力量，扮演着舆论监督者的角色。尤其是一些强势传媒品牌，以其在受众、舆论界、商界乃至在国际上的影响，往往具有大量和政府讨价还价的资本。所以，与政府的关系，是传媒品牌关系中的至关重要的一环。

另外，商业性传媒品牌的其他关系利益人也有与一般商业品牌不同的地方。例如，商业性传媒品牌的竞争者，不仅有其他商业传媒品牌，还有相当强大的公营/国营传媒品牌。而且，问题的关键不仅仅在于要处理好与各个关系利益人的关系，更在于经营整个关系利益人的互动网络，最大限度地减小各个关系利益人之间的负面因素，挖掘其合作潜力，这样才能够建设起真正的强势传媒品牌。

显微镜之品牌创新

福布斯“品牌之声”（ForbesBrandVoice）

打开福布斯“品牌之声”的网页，映入眼帘的是“分享你的智慧”“通过内容链接（你我）”等特大字号标语，再往下翻，便可以看到它的定位：“一个内容营销平台”。①

作为美国财经杂志的龙头老大，福布斯在2008年的经济危机中受到巨大冲击，广告收入几乎被腰斩。“穷则思变”，处于困境中的福布斯不但加快了全球化发展的步伐，而且推出了“品牌之声”。按照该杂志的首席产品执行官刘易斯·德沃金（Lewis DVorkin）的说法，这是继CNN的电视直播以后，又一个革命性的新闻变革创举。

从“广告之声“到“品牌之声”

2010年9月，福布斯高调推出“广告之声”，即在其网页中下部显

---

① http：//www.brandvoice.com，2016年9月2日。

著位置开辟一个叫作“广告之声”的专区，选取13－15名全球知名品牌做contributor（捐助者/投稿者）。入门费是半年5万美元，一旦入门，contributor就可以在网页上撰文推广自己的产品或品牌。此举一经推出就引来了财经杂志界甚至整个新闻界的毁誉参半。支持者认为，在每一个商家都可以建立自己的网站进行宣传和推广的年代，福布斯依靠自己的品牌影响力吸引商家“入住”，既获得了经济收益，又能监督控制商家的信息，不失为一个富有创造性的开拓之举。批判者则认为，福布斯为了赚钱将编辑权拱手让出，商家难免会自吹自擂，这不但是新闻独立性的失败，长此以往，也必将使福布斯失去特色，沉沦下去。

尽管褒贬不一，福布斯还是众志成城，全力推进“广告之声”。也许是考虑到质疑者的意见，也许是提升自身品牌的需要，2012年，“广告之声”更名为“品牌之声”，具体运营方式则没有实质性的改变。

创新之举Vs经营败笔

关于“品牌之声”的争论一直没有停止，甚至对它的数据的解读也大相径庭。根据福布斯发布的数据，截至2012年底，它的网站用户达到近4000万人，50%的收入来自于数字媒体部门，其中有10%出自“品牌之声”。与其竞争者财富、商业周刊的数字媒体收入相比，这是一个不错的数字。正基于此，刘易斯·德沃金表示，“品牌之声”创造了一个“在数字化时代由广告来支撑新闻业的可持续模式”，并声称它将继续是福布斯业务的最重要一环。

然而，在质疑者看来，“品牌之声”很可能是一个败笔。网站读者虽然增加了，但“叫好不叫座”，它对福布斯广告收入的正面影响并不显著。确实，虽然福布斯大力推广“品牌之声”，但其整体广告增长率近两年已经悄悄地被老对手财富超过，找到新东家的商业周刊也正在厉兵秣马，大有东山再起之势。“品牌之声”如何提升自己的品牌价值和品牌影响力，似乎还有很长的路要走。

第二章

中外传媒品牌的历史与现状

第一节　世界传媒品牌发展史概述

传媒产业天生具备了品牌建设的基本条件。以最古老的大众传媒之一报纸为例，它几乎从一诞生开始，就具有名称、（办报）宗旨等一个品牌所必备的客观条件。同时，作为一种精神消费品，即使在相对稀缺的年代里，它也不可能像食物、服装等物质消费品那样，专事生产，不用为销路费心。任何一种精神消费品，都不是生活所必须具有的，只有相对的稀缺性，没有绝对的稀缺性。所以，从一诞生起，报纸就非常重视读者的发现和培养，重视与读者的关系。“通过传媒形态向受众发出信号，这种概念根本不算新鲜。”约瑟夫·塔罗在评价19世纪的美国报纸时说，“……那些令人尖叫的标题和煽情的图片显示的是一组观点——和一种类型的顾客——而那些节制的标题和图片，即使是对于同一新闻事件，暗示的是完全不同的取向和读者。”[①] 更早一些，在英国

① ［美］J. 塔洛：《分隔美国：广告与新传媒世界》，洪兵译，华夏出版社2003年版，第80－81页。

的一些报纸和杂志中，我们也能发现这种品牌思想和操作的雏形，如17世纪末到18世纪初，斯蒂尔和爱迪生的《闲谈者》（Tatler）、《旁观者》（The Spectator）就以其中产阶级美学观形成了鲜明的风格和稳定的读者群，它们是英国当时最著名的杂志。[①] 但是，在接下来的二三百年时间里，传媒产业在品牌经营方面没有取得实质性的发展，直到20世纪80年代才迈向新的阶段。所以，纵观世界传媒品牌的历史，可以把它分为三个发展时期：成型期（17世纪到20世纪70年代末）、快速发展期（20世纪80年代到90年代中期）、成熟期（20世纪90年代中期至今）。

一、成型期（17世纪到20世纪70年代）

从17世纪近代报刊诞生，到20世纪70年代，把这漫长的300多年划为一个时期，主要基于以下几个原因：（1）这一时期的传媒经营仍处于以“提供产品”为主的产品经营阶段，品牌经营还没有获得独立的发展地位。[②]（2）传媒产业的市场竞争空间小。从品牌发展史来看，市场竞争尤其是市场自由竞争是品牌发展的主要环境因素，这一阶段的传媒产业还没有形成这种市场环境。以报纸为代表的出版业近代以来一直是以“出版自由”和“新闻自由”相号召的，被认为是民主的力量和“第四种权力”，它与政治、文化等多种社会因素存在着密切复杂的关系，其市场竞争历来受到政治等多种因素的影响和限制。广播电视行业长期以来一直是受限行业，只有为数有限的组织从事该行业的生产和经营，更不存在完整意义上的自由竞争。为此，英国新闻业老板路

---

① ［美］刘易斯·科塞：《理念人——一项社会学的考察》，郭方等译，中央编译出版社2004年版，第24页。

② 余明阳在《品牌学》中将经营分为产品经营、资本经营和品牌经营三种方式，并对三种经营之间的区别和联系做了分析。参见余明阳主编：《品牌学》，安徽人民出版社2002年版，第607－639页。

德·汤普逊曾嘲讽“广播电视许可证即印钞票的许可证”。[①]（3）品牌理论发展不成熟，传媒产业的品牌经营基本上属于“无意识经营”。在20世纪80年代品牌定位理论出现以前，最具有代表性的品牌理论是品牌形象理论，由于大众媒体具有与受众沟通的“先天优势”，品牌形象理论对传媒产业没有形成实质性的影响。所以，从整体来看，这一阶段的传媒品牌经营还处于从无意识成长到有意识经营的发展时期。

这一时期，品牌经营在不同传媒行业的发展是不平衡的。比如，在广播电视行业，它还没有引起多大的重视，而在杂志业和电影业，它已经逐渐规模初具了。

这一时期，除美国外，其他国家的广播电视业都是以公营或国营为主的垄断性行业，其基本理念是“花公众的钱，为公众提供优质的产品和服务”，品牌问题基本上没有受到关注，只是在国际传播和国际竞争中才“偶露峥嵘”。即使在实行商业化体制的美国，广播电视业也是受限行业，几大电视网尽人皆知，垄断竞争，品牌经营的必要性并不突出。

报纸的情况复杂一些。17世纪到18世纪，报纸多是政党性的，或者是与政党等利益团体紧密联系的，几乎谈不上品牌经营问题，或者说谈不上现代意义的品牌经营。19世纪30年代以后，以美国和西欧、日本为代表，廉价报纸开始出现，并逐渐成为报纸产业的“主力军”。这些廉价报纸尽管没有明确的品牌经营意识，但在相互竞争的过程中还是为我们留下了不少品牌经营的经典案例，如《纽约时报》《读卖新闻》等。《纽约时报》在创刊时就定位明确，提出“在新闻上力求报道客观，在社论上尽量议论持平”[②]，希望能够在“《（纽约）论坛报》的感

---

① ［美］梅尔文·德弗勒、埃弗雷特·丹尼斯：《大众传播通论》，颜建军等译，华夏出版社1989年版，第174页。

② 张隆栋、傅显明编著：《外国新闻事业史简编》，中国人民大学出版社1988年版，第75页。

情冲动和《（纽约）先驱报》的道德沉沦两个极端之间，走一条中间道路”。[①] 1896 年，阿道夫 · S. 奥克斯收购了《纽约时报》，其主要原因之一就是他知道自雷蒙创办以来，“这家报纸一直是多么受人尊敬”。[②] 奥克斯把《纽约时报》真实、客观、庄重的品牌个性进一步强化，并确立了“所有适宜刊载的新闻”（All the News That’ s Fit to Print）的接办宣言和“无畏无惧，不偏不倚，并不分党派、地域和任何特殊利益”（To give the news impartially，without fear or favor，regardless of any party，sect or interest involved）的新闻报道方针。[③] 在此后的一百多年的发展过程中，《纽约时报》一直重视保持自己的品牌形象。到 20 世纪中期，它已经成为美国报业的第一品牌，获得了“时代的记录者”的美誉。不过，从整体来看，这一阶段的报纸竞争还处于产品竞争层次，各个报纸在整体风格、目标受众和报纸个性等方面，都没有形成太大的差别，品牌经营尚处于无意识的萌芽期。进入 20 世纪后，世界各国的主要报业市场形成了独家垄断或垄断竞争的局面，品牌经营没有能够随着历史的发展和其他产业品牌经营的发展而取得实质性的进步。

杂志的品牌经营在四大媒体中发展最早、也最成熟。从 17 世纪英国的文学性杂志到 20 世纪初美国的《时代》《读者文摘》等大众化新闻、消费类杂志横空出世，再到 20 世纪中期前后花样繁多、受众定位明确的男性杂志、女性杂志、休闲杂志不断涌现，杂志业一直处于传媒产业品牌经营的领先地位。电影的品牌化经营，尤其是以好莱坞为代表的美国电影的品牌化经营，在 20 世纪中期已经走向成熟，它不但为 80 年代电视产业的品牌经营提供了可资借鉴的经验，而且对其他产业的品

① 转引自张隆栋、傅显明编著：《外国新闻事业史简编》，中国人民大学出版社 1988 年版，第 75 页。

② ［美］迈克尔 · 埃默里、埃德温 · 埃默里：《美国新闻史：大众传播传媒解释史》，展江、殷文主译，新华出版社 2001 年版，第 272 页。

③ 李子坚：《纽约时报的风格》，长春出版社 1999 年版，第 8 页。

牌经营都具有一定的参考价值。

二、快速成长期（20 世纪 80 年代到 90 年代中期）

从 20 世纪 80 年代开始，传媒产业品牌经营的条件越来越充分，主要体现在以下几个方面。

1. 品牌理论的发展。1981 年，艾·里斯和杰·劳特劳出版了《广告攻心战略——品牌定位》一书，标志着品牌定位理论的成熟。80 年代中期，品牌资产理论开始流行，到 90 年代初，这种理论已经形成了较为完整的体系，并成为产业并购的一个主要指标。这些理论和传统的品牌形象理论一起，构成了相对完整的理论体系。

2. 传媒产业的发展和传媒市场化程度的提高。品牌，是在商品销售过程中产生的，品牌经营实践和品牌理论，是在市场经济发展和市场竞争中不断完善和成熟的。20 世纪 80 年代以前，传媒是受到严格管制的产业，数量有限的经营者形成了垄断状态，其品牌经营水平相对偏低。这种情况在 80 年代发生了质的变化。首先，科学技术的发展为传媒产业的发展提供了广阔的空间。尤其是有线电视技术、调幅广播技术、电脑办公系统、激光照排和印刷技术，这些技术为广播电视和纸质媒体的发展提供了技术上的强有力的支持。其次，“解除管制”① 运动为传媒产业市场化运作和市场竞争提供了制度和政策上的保证。在这十几年间，传媒产业无论是在规模、种类还是在市场化程度上，都取得重

① “解除管制”（deregulation）是 20 世纪 80 年代源于美国的一个术语，指对种种公共服务与控制体制的系统化重建，并以直接出自商业化与市场化运作的体制取代它们。……这套术语被用于描述和实行对主要公共事业的私有化。……（这些部门）都直接按照利润、投资与消费需求的市场力量进行重组以展开竞争。因此，解除管制的“解除”就意味着国家权力的明确解除或“出局”，意味着分割的公共权力对商业化的市场竞争“开放”。对于解除管制，西方右翼势力和左翼势力观点相左，迄今一直存在争议。参见［美］约翰·菲斯克等编撰：《关键概念：传播与文化研究辞典》，李彬译注，新华出版社 2004 年版，第 73 页。

大的发展，传媒业之间的竞争，尤其是新兴媒体之间和新老媒体之间的竞争日趋激烈，品牌日渐成为竞争的主要手段。

3. 受众的需要。受众的品牌消费需要并不是在这个时期才突然发展起来的，此前杂志和电影品牌经营的成功经验告诉我们，受众早就有品牌消费的强烈需要，只是囿于技术和产业发展等条件的限制，诸多大众媒体如绝大多数报纸、电视、广播等一直只能走“大众”化的产品经营路线，在品牌经营方面鲜有作为。当然，在八九十年代，整个社会的品牌消费不断升温，受众的传媒品牌消费需求比以前更加强烈了。

4. 广告商的需要。传媒品牌在这一时期的发展，广告商的需要是一个至关重要的推动力。20 世纪 80 年代，商品生产整体上已经从“卖方市场”转向了“买方市场”，为了避免产品和商品的积压，“为生产而生产”的观念已经被“为销售而生产”的观念所代替，锁定独特的消费群体，有目的地生产符合他们需求的商品，成为商品生产和销售的基本思路。在这种情况下，广告商对传媒广告服务的要求不再满足于抵达无名的、数量巨大的“大众”，而是要求抵达明确的、能描述的、个性明显并且和商品消费者相一致的目标受众，他们不再愿意为“无用”的大众付费。传媒的品牌经营，主要目的之一就是要“生产”这种个性化受众，而不是一般性的“大众”。“新型传媒公司在利润和竞争原理的驱动下首要目标就是将自己的产品提供给最大数量的消费者”，①这种司空见惯的思维方式和操作原则到 80 年代已经越来越不适用。在不少情况下，传媒品牌变成了传媒组织的一个强有力的区隔工具，用于剔除“无用”的受众，以免增加传播的费用，尤其对依靠广告收入补贴发行的报纸、杂志来说，这种做法已经不足为奇。

---

① ［英］戴维·莫利、凯文·罗宾斯：《认同的空间：全球传媒、电子世界景观和文化边界》，南京大学出版社 2001 年版，第 15 页。

快速成长的一个突出表现，是传媒业的品牌经营意识迅速提高。主动按照品牌经营的规律来打造品牌、经营品牌，成为传媒产业的一个热门话题。

“今后几年中将会有90个左右新频道出现，开办一个新频道是不容易的事，你必须有一个可以清晰定义的独特市场……你必须建立品牌与身份。”① 美国高尔夫频道首席执行官在90年代初的这段话绝不是孤独的个案，不少专家学者曾发表了相同或类似的看法：

“建立你的品牌就是现在，要不你就落伍了，”美国卡通电视网的副总裁说，“两年以后，收看选择将极为丰富，我们的日子会很难过，到那个时候如何能让观众收看我们的节目?”② 品牌专家凯文·莱恩·凯勒则强调传媒产业在品牌经营方面的独特优势：“在艺术和娱乐业(例如电影、电视、音乐和图书)，品牌的作用尤为突出。这些都是经验类商品的很好的例子。购买者无法通过直接观察来判断质量，而必须借助于其他线索，比如有关联的人、项目所包含的概念或基本原理、口碑、重要的评价等。”③ 对此文森特·米勒表示赞同，他甚至断言：“门户网站创造的附加价值受益于它的品牌。我的观点是，从搜索引擎到门户网站的转变宣告了互联网品牌时代的来临。”④

从品牌实践来看，在这短短的十几年里，传媒品牌建设取得了很大的发展，尤其在美国和西欧的一些国家，新品牌迅速成长，老的组织品牌也通过新的产品品牌注入新机，传媒品牌形成了相互竞争、互动发展

① [美] J. 塔洛：《分隔美国：广告与新传媒世界》，洪兵译，华夏出版社2003年版，第89页。

② [美] J. 塔洛：《分隔美国：广告与新传媒世界》，洪兵译，华夏出版社2003年版，第89页。

③ [美] 凯文·莱恩·凯勒：《战略品牌管理》，李乃和等译，中国人民大学出版社2003年版，第17页。

④ [英] 戴维·冈特利特主编：《网络研究：数字化时代传媒研究的重新定向》，彭兰等译，新华出版社2003年版，第207页。

的局面。以美国为例,《纽约时报》《华盛顿邮报》等报业品牌老而弥坚，三大电视网通过推出新的主持人品牌和节目品牌实现新生，《国家地理》《财富》《福布斯》等杂志品牌则通过向电视频道、论坛、会展等的延伸迅速成为世界级的传媒品牌。最引人注目的是一批个性化、受众定位准确的新品牌迅速成长，如《今日美国》等报纸品牌，CNN（美国有线电视新闻网）、MTV（音乐电视）、HBO（家庭影院）、FOX（福克斯）等电视品牌，《马克西姆》等杂志品牌。CNN、MTV 是它们的杰出代表，这两个分别创建于 1980 年和 1981 年的有线电视品牌，到 90 年代中期其下属频道已经由一个发展为几个，市场由美国走向全球，各自身价也都飙升至近 10 亿美元。短短十几年时间，它们已经发展成为世界电视产业的顶级品牌了。

三、成熟期（20 世纪 90 年代中期至今）

最近二十年，世界传媒品牌进入了它的成熟期。技术的进步尤其是以互联网为基础的传播技术发展为传媒品牌提供了极大的生长空间，世界各国的品牌实践则把这种可能性变成了现实。

（一）技术的发展为传媒品牌提供了极大的可能性空间

美国著名传播学者斯蒂文·小约翰说过，印刷机反映了早期工具理性的胜利，“工具不仅延长了人类的手臂，而且也延长了人类的思维”。[①] 同样的道理，可以说，电视等音像传播技术带来了视觉文化和情感交流的复归，互联网信息传播技术则注定了人们对传媒品牌的追求。这主要体现在两个方面。

第一个方面，有线电视技术、摄像录音技术尤其是数字传播技术的发展为传媒产业的内容和形式创新开拓了极大的可能性空间，受众所面

① ［美］斯蒂文·小约翰：《传播理论》，陈德民、叶晓辉译，中国社会科学出版社 1999 年版，第 577 页。

临的选择越来越丰富，这种丰富性增加了选择的困难，凸显了品牌的价值。

早在20世纪中后期，以麻省理工学院媒体实验室的尼古拉斯·尼葛洛庞帝为代表，不少人已经为我们描述了一种可喜又可悲的技术前景："当我们有1000个频道的时候，假如你从一个台跳到另一个台，每个台只停留3秒钟，就几乎要花一个钟头的时间，才能把所有频道从头到尾扫一遍。还没等你判断出哪个节目最有趣，节目早就播完了。"[①]为了应对这一尴尬，尼葛洛庞帝为此替我们找了一位"数字化的亲戚"，希望通过"我的日报"来解决这种困境。然而对于这个药方，以美国论坛报集团公司总裁杰克·威廉·富勒为代表的一些人不以为然。[②] 从近二十年的实践发展来看，代表技术理想的"我的日报"并没有实现，面对"海量"信息和日益丰富的选择，人们更多的是借助"品牌"这个手段。原因在于，传媒消费不是一种简单基于技术的纯粹理性化、个人化的消费，它需要一种体验、一种情感、一种社会归属和认同。个性化选择和成为"假想团体"[③] 中的一员、私人空间里的自我享受和"全球客厅"[④] 里的集体狂欢，是这种消费不可分割的两个方面。这是一种源于自我而又高于自我的人生存在方式，是一种社会化行

---

① 尼古拉斯·尼葛洛庞帝：《人性化界面》，见《新传媒与创新思维》，熊澄宇选编，清华大学出版社2001年版。

② 参见［美］杰克·威廉·富勒：《信息时代的新闻价值观》，展江译，新华出版社1999年版，第253－259页。

③ "假想团体"一词来自本尼迪克特·安德森（Benedict Anderson）的作品，指现代人的生存特点。与封建时代人们的纵向隶属关系不同，现代社会的所有人都是"公民"而非"臣民"，它需要横向认同——（符合法律规定的）平等人之间的特性共享。参见［英］迈克·克朗：《文化地理学》，杨淑华、宋慧敏译，南京大学出版社2003年版，第207页。

④ 一种形象化的说法，指现代传媒缩小了世界的空间距离，地球变成了一个大客厅，无论新闻事件发生在哪里，人们都能接收到相关消息，同时，信息的真实性变得更难于证实，或者说，人们沉迷于这种"全球客厅"式的环境中，虚拟的世界变成了他们生活中不可或缺的一部分。

为。这种需要，是“我的日报”所不能满足的，却是通过品牌途径可以达成的。

第二个方面，传媒之间的可替代性大大增强，品牌成为传媒组织发展的重要手段。

基于传媒种类不同而形成的传媒行业边界正在不断消失，其经营领域正在逐渐融合。这既体现在传统的报纸、杂志、广播、电视等不同大众传媒在相互进入的成本、信息内容的转换、受众的接受习惯等方面，更体现在基于数字化技术的媒介融合方面，大众传媒和电信产业、电脑产业的边界也在不断模糊。在这种情况下，基于行业壁垒的传统媒体的优势——传统媒体组织赖以生存和发展的核心竞争力的根源——将日益失去其决定性价值。近年来发生在传媒产业之内以及传媒产业与其他产业之间的跨行业、跨产业兼并现象越来越多，形象地说明了这一发展趋势。

那么，传媒组织新的核心竞争力何在？品牌，以其不可复制、容易延伸、与消费者联系密切等属性，正逐渐成为许多传媒组织的竞争力来源——“受众将来可能只关心信息是由什么品牌处理的，决不会在意其传播方式。”① 这是一个实质性的转变，认识不到这种转变将有可能面临很大的危险。

例如，历史上各种类传媒之间的可替代性不强，一种新传媒的流行将导致“改朝换代”。正是受这种逻辑的影响，人们在世纪之交曾对网络媒体抱以太大的期望，投入太多的热情，终于导致了一个美丽的“千年泡沫”。其实，这种逻辑在网络时代已经不适用了，至少已经大打折扣了。传媒的可替代性使传统媒体可以通过资本、内容和品牌三大方式直接进入网络产业，这是以往仅仅依靠资本转移一种方式所无法比拟的。所以，《网络世界》前执行编辑 Thoms. J. Delonghry 断

① 徐世平：《“蜕皮时代”：媒体集团的价值取向》，《新闻记者》2003 年第 9 期。

言："品牌的网络化并不意味着要创建另一个雅虎或者亚马逊。当前的商业环境可以毋庸置疑地确信，纯粹的因特网新生代企业不可能在很短的时间内完成品牌建设，因特网革命的新阶段是那些人们通常称之为旧经济模式的企业，如何利用因特网这个全新媒体来改革它们的旧体制。"①

这种认识在20世纪90年代中期逐渐成为许多人的共识。迪士尼前总裁米切尔·艾斯纳说："迪士尼这一品牌是我们最宝贵的财富。"② 维亚康姆董事长雷石东认为，决定传媒企业能否在全球市场取胜的关键是这些企业采取哪些措施来创建、培育和拓展其品牌。在维亚康姆，我们把品牌权益看作我们最有力的资产。③ 品牌经营的地位如此重要，以至于一直以公共媒体面目出现的英国BBC也斥资1800万英镑，让纳兰·比恩公司为其重塑品牌。④ 根据麦克道尔和巴滕的考察，在这一时期，美国广播电视界"才对品牌管理的艺术和技巧产生浓厚的兴趣"，并出现了品牌塑造这一话题。⑤

（二）品牌经营实践日益将基于技术的可能性变为现实

从品牌经营实践来看，上一个时期最突出的特点是品牌的内涵式成长（新品牌成长和老品牌更新），这一时期的突出特征是品牌向上下游纵向延伸、向相关产业横向延伸以及品牌的并购整合，世纪之交的购并

① 转引自［美］迪尔德丽·布瑞肯里奇：《品牌的革命——谈网络与品牌建设》，刘雅鹏译，电子工业出版社2002年版，封底。

② ［英］菲欧娜·吉尔摩：《钢索上的品牌战士》，刘军等译，中信出版社2002年版，第16页。

③ ［美］萨莫·雷石东：《创建国际传媒企业的三部曲》，《中国广告》2002年第11期。

④ 搜狐传媒：《打造电视品牌就是构建一个基于屏幕的媒体》，MEDIA. SOHU. COM，2003年10月25日。

⑤ ［美］沃尔特·麦克道尔、艾伦·巴滕：《塑造电视品牌：原则与实践》，马敏译，中国传媒大学出版社2006年版，第3－4页。

浪潮为这一特征做了最鲜明的注脚。①

品牌，不再仅仅是某一传媒类型的品牌、产业链某一特定阶段的品牌，它更是一个风格、一种标准、一个信誉、一个读者群，它以核心产品或组织为中心，通过延伸或购并的方法向四周扩张，迅速壮大。“一些传媒执行官开始质疑传媒品牌应该固守一处这样一个概念——一个电台、一个有线电视网、一家杂志。他们开始——通过尽可能多的工艺——提纯他们的传媒形态——包括他们的标志、价值、兴趣和赞助商。目标是在尽可能多的场所为自己和广告商提供平台，显示他们与目标受众的价值观与生活形态的联系。传媒执行官告诉潜在广告主，他们不仅仅是以具有竞争力的每千人成本购买传媒空间或者时间，更准确地说，他们是与一个传媒品牌联系在一起，许多消费者都将这个品牌视为一个标志，认为它象征了他们生活中的重要关系。”② 约瑟夫·塔洛（Joseph Turow）描述的这种状况从 20 世纪 90 年代中期已经开始，到 2000 年以后则“蔚为大观”，迪士尼、新闻集团、维亚康姆、时代华纳、贝塔斯曼等大型传媒集团都在努力“将自己的品牌单独地或者是通过结盟，植入许多的新老传媒之中。”③

必须指出的是，传媒产业的品牌努力不仅仅是为了塔洛所说的广告效应，它至少还有另外两个方面的主要功效：

（1）区隔作用。随着企业规模的扩大和经营品种的丰富，一个传媒组织所提供的服务面临着混淆不清的危险：娱乐节目混合着新闻，经

---

① 2000 年前后全球掀起了传媒并购的狂潮，最为引人瞩目的时代华纳和美国在线的“世纪婚姻”。时代华纳当时的年销售额是美国在线的 4.5 倍，固定资产是美国在线的 7.45 倍，但市值仅是美国在线的 1/2。两公司因品牌互补性而合并，但合并后两者的融合并不理想，并最终于 2003 年拆分。此可谓：成也萧何败萧何！

② ［美］J. 塔洛：《分隔美国：广告与新传媒世界》，洪兵译，华夏出版社 2003 年版，第 99 – 100 页。

③ ［美］J. 塔洛：《分隔美国：广告与新传媒世界》，洪兵译，华夏出版社 2003 年版，第100 页。

济节目夹杂着家庭肥皂剧，生产技术节目和笑料合在一起。这样一来，即使内容质量仍保持不变，它的品牌特征也有可能渐渐模糊乃至最终消失。“大多数美国人在海湾战争时看 CNN，它是专门播放新闻的，而这正是人们所关注的。如果 CNN 也播放电影，情况还会这样吗?”[①] 所以，当 CNN 从一个简单的纯新闻专业频道转变为一个新闻、娱乐兼容的大型公司时（可参见本书第三章第三节相关内容），这不仅仅意味着扩展了自己的频道个数和所传播的信息量，它还要建立一个以专业新闻品牌“CNN”为核心，包括各种新闻、娱乐子品牌的品牌系统，以方便受众的选择和自己的管理。

（2）控制作用。占有最大份额的生产和销售，获取垄断地位，是大型传媒集团对所属产业进行控制的传统手段。但是，在传媒产业市场不断扩大、不断走向全球化和新型传媒组织层出不穷的今天，大规模意味着高成本，它也可能给企业带来很大的风险，法国的威望迪环球集团和德国的基希集团就是很有说服力的“前车之鉴”。品牌控制以内部品牌管理、品牌延伸、品牌合作等方式加强与消费者的沟通，控制传媒生产、分配、销售的核心环节，同时又能尽可能地规避市场风险，是目前大型传媒集团控制行业市场的重要手段之一，时代华纳、维亚康姆、BBC 等世界顶级传媒集团之所以在世界传媒产业有如此举足轻重的地位，通过品牌进行控制是至关重要的一环。

总之，世界传媒产业的品牌经营经历了一个从无意识到有意识、从单一行业内到跨行业、从依附于产品和资本到逐渐获得独立地位、从传媒经营的边缘不断走向中心的发展过程。这一过程既是连续不断的，又呈现出明显的阶段性特征，它与人们的品牌消费需求、经营者的品牌意识密切联系，也是传媒产业、科学技术、社会政治经济文化等多种内外

---

① ［美］巴伦·李维斯、克里夫·纳斯：《媒体等同》，卢大川等译，复旦大学出版社 2001 年版，第 125 页。

部因素共同作用的产物。由于中国传媒产业的发展相对落后于西方发达国家，世界传媒产业品牌发展的这种历时阶段性特征在中国得到了共时性的呈现。所以，梳理世界传媒产业品牌经营的历史，不仅具有理清源流的作用，对研究中国传媒产业品牌经营的历史和现状，也具有很大的借鉴意义。

第二节 世界传媒品牌的现状与发展趋势

详细分析世界传媒产业的品牌现状，是一项浩大的、难度极高的工程。首先，资料难以收集。关于品牌的系统研究是20世纪80年代前后开始的，90年代才日益成为“显学”，对传媒产业品牌经营的专门研究尚不多见，资料收集难度很大。其次，笔者收集到的资料多是商业性传媒品牌方面的，量化资料尤其如此。例如，较为权威的是全球知名品牌咨询公司Interbrand的全球品牌100强，但它只考察商业品牌，BBC、NHK等世界级的传媒品牌都没有入选，其数据也难以反映世界传媒品牌的真实状况。所以，本节对世界传媒品牌现状和发展趋势的分析，主要是一种定性分析。梳理中国传媒产业品牌经营的国际环境，是这一分析的主要目的。

一、世界传媒品牌现状的静态分析

从静态的角度来看，世界传媒品牌的现状有以下几个特点。

（一）发展的不同步性

不同步性，是指世界各地传媒产业的品牌建设处于不同的发展阶段。上一节把世界传媒品牌发展史划分为三个阶段，是一种基于整体发展视角的历时性考察，从共时的发展现状来看，这三个阶段还同时存在。由于社会生态环境和产业发展水平的限制等原因，非洲、亚洲、南美洲的一些落后国家，传媒品牌建设还处于“无意识经营”阶段。美国、日本、西欧各国则代表了传媒品牌经营的潮流，它们处于发展的第三个阶段，尤其是美国，无论是理论探索还是实践运作，都处于世界的绝对领先地位。余下的绝大多数国家和地区大体上处于第二个发展阶段。当然，在这些国家和地区中，传媒品牌的发展程度也有相当大的落差。韩国、新加坡、南欧和北欧的多数国家、澳大利亚以及中国的港澳台地区等国家和地区品牌经营起点较高，发展也较快，运作也相对成熟。中国、南亚的印度等国家、东欧各国则起步较晚，世纪之交品牌经营才迅猛发展，这些国家的市场空间很大，是西方各国品牌输出的重点地区。

（二）分布的不均衡性

不均衡性，是从世界各国传媒品牌实力这个角度来考察的。美国传媒产业的品牌实力遥遥领先，在世界上处于绝对垄断地位。Interbrand公司发布的“全球最佳品牌100强”，是世界上公认的最权威的数据之一。在它们已经公布的几次排名中，入选百强的传媒品牌几乎全部是美国品牌[①]。从传媒品牌发展的全球化程度来看，美国品牌也是遥遥领先，迪士尼、MTV、CNN、DISCOVERY、《国家地理》、时代华纳、《读者文摘》等都是全球化程度极高的品牌。日本、韩国、英国、德国、法国等也是世界传媒品牌强国，像日本的索尼和NHK、英国的BBC和《经济学人》，德国的贝塔斯曼，法国的威望迪环球和《队报》等，都是世界著名品牌。这些国家和美国一起，几乎囊括了所有世界级传媒品牌。其他国家，像中国、印度、俄罗斯等传媒市场潜力巨大的国家，主

① 2014年的上榜传媒品牌有迪士尼、路透社、探索（Discovery）等，2015年和2016年有迪士尼、路透社、探索传播和MTV上榜。在这些品牌中，只有路透社不是美国品牌。如果从更广泛一些的标准来看，该榜单近几年的常客、人们常常视为传媒品牌的谷歌、Facebook等，也都是美国品牌。资料来源：http：//interbrand. com。

要致力于做强国家级品牌和地区级品牌，虽然有些产品品牌也能走向世界，但难以影响全球传媒品牌的整体格局。至于非洲、亚洲和南美洲的其他国家，在世界传媒品牌的版图上，几乎是可以忽略不计的。

（三）商业品牌占据主导地位

在世界传媒品牌的格局中，商业品牌占据主导地位。20 世纪 80 年代以前，公营和国营广播电视品牌曾经在广播电视业中占统治地位，即使在今天，公营/国营广播电视品牌在不少国家仍然有相当强大的影响，如日本的 NHK、英国的 BBC、德国的 ARD 和 ZDF、加拿大的 CBC 等。就品牌影响和品牌实力来说，这些品牌都居于该国传媒品牌的首位或前几位。但是，随着商业广播电视品牌的发展和公营/国营传媒商业品牌经营活动的日益增加，现在商业性广播电视品牌在数量和整体实力上已经普遍超过了公营/国营品牌。报纸杂志方面，世界上绝大多数国家的报纸杂志是以私营为主的，商业品牌一直占据主导地位。近年来崛起的新媒体品牌更是清一色的商业性品牌，如 Facebook 和 Twitter 等。不过，在一些发展中国家，比如中国，传媒产业以国营或公营为主，商业品牌还没有取得绝对的主导地位。

二、世界传媒品牌的发展趋势

现状，不仅仅是一种静态的存在，它也是一个继往开来的过程，一个基于历史、面向未来的动态变化过程。从动态的发展角度看，当今世界传媒品牌体现出四大趋势。

（一）商业化

不断商业化是全球传媒产业的一个不争事实。从传媒发展史来看，近代报纸的雏形——诞生于意大利和德国的手抄新闻——就是商业性的。从那时开始，商业传媒就和非商业传媒共同发展。这里所说的商业化，主要是指传媒产业的这样一种过程：即 20 世纪 80 年代以来，公共性质的媒体在全部媒体中的份额和影响力不断下降，商业性媒体则不断上升，这不仅发生在最具有代表性的广播电视产业方面，也发生在报纸等其他传媒产业和基于网络的新兴传媒方面。作为传媒产业的一部分，传媒品牌也正在经历着一个商业化的过程。就目前的发展局势看，传媒品牌的商业化不仅仅体现在商业品牌的不断增多上，更体现在以下两个方面：（1）在强势传媒品牌中，商业品牌所占比例越来越大。以具有全球影响力的组织品牌为例，公共性质的品牌仍然是二三十年前已经成名的几个老品牌支撑天下，如BBC、NHK、ZDF、CBC和新华社，发展速度相对迟缓；商业品牌则发展迅猛，这不仅体现在老的商业品牌如迪士尼等的不断壮大上，还体现在新的强势品牌不断涌现上，如略早的维亚康姆、贝塔斯曼，和近些年兴起的Facebook、Bloomberg等，它们大有后来居上之势。（2）公共事业性品牌的商业成分不断增加。为了与商业品牌竞争，也为了缓解自身经济压力，许多公共性质的传媒组织都开展了商业经营活动，推出了商业性品牌。BBC是典型的代表，它的商业性子品牌“BBC环球”（BBC Worldwide）由BBC环球电视频道、beeb. com等下一级子品牌组成。尤其是在国际市场，“BBC环球”依靠BBC的强大产品资源，品牌推广工作卓有成效，现在，它是少数几个能与美国商业电视品牌在节目经营方面相抗衡的世界性品牌之一。

（二）娱乐化

CNN在20世纪80年代的定位是“世界新闻领袖”，现在则变成了“The World's Leader of News&Entertainment”（世界新闻业和娱乐业的领袖）。维亚康姆拥有CBS这个以新闻报道著称于世的电视网，并把它列为自己的第一品牌，却仍旧把娱乐作为自己的第一品牌特征——“本公司是娱乐、新闻、体育、音乐和剧作的生产、推广和分销方面的领先者，知名品牌包括CBS，MTV，Nickelodeon……”（the company is a leader in the creation, promotion and distribution of entertainment, news, sports, music and comedy. Viacom's well - known brands include CBS,

MTV，Nickelodeon…）。[1] MTV 全球音乐电视台的宣传广告册也把维亚康姆称作"国际一流的娱乐品牌"。光线传媒总裁王长田先生曾指出，"传媒娱乐一体化"是当今传媒公司的一大特征，"我们的首席研究员也研究过很多，传媒和娱乐在国际上一直是合在一起的，任何一个大的国际性的传媒公司也一定是一个大的国际性的娱乐公司。你看时代华纳，电视、电影、音乐、出版，索尼公司、贝塔斯曼、新闻集团等，没有一个是例外的。这说明传媒和娱乐本身就是一对双胞胎，互相需要，互相支持，有很多东西共享，这也是我们的一个原则。"[2] 这段话的表述值得商榷，并不是所有的传媒组织都把娱乐作为自己的主要特征，不少严肃媒体还刻意与"娱乐化"保持一定的距离。不过，这段话指出了传媒品牌不断娱乐化的发展趋势。十几年过去了，多少名噪一时的新闻品牌早已退出了众人的视野，MTV、光线传媒等主攻娱乐内容的品牌却活力依旧。近两年，MTV 重新杀回 Interbrand 的全球最佳品牌 100 强，正是这种发展的一个写照。

这种娱乐化趋势的一个表现是娱乐性传媒品牌不断增多。纵观近些年的国内外传媒品牌，发展势头最猛的就是娱乐性品牌，如音乐类、游戏类、时尚休闲类娱乐品牌。另一个表现是传统品牌尤其是传统新闻品牌娱乐性成分不断增加，前面提到的 CNN 就是典型的个案。中国的省级卫视多年来都被认为是以新闻报道为主的媒体，它们自己也是这样定位的，娱乐的功能主要由其他专业性频道承担。但是，随着全国电视市场竞争的加剧，不少卫视开始打"娱乐"牌，把自己定位为"娱乐""资讯、娱乐"或"新闻、资讯、娱乐"品牌，湖南卫视、安徽卫视、江苏卫视和浙江卫视等是其中的代表，它们都通过不同的渠道，向受众

---

① 资料来源：http：//www. viacom. com，2004 年 9 月 17 日。

② 王长田：《民营电视融资渠道的多元选择（下）》，http：//www. sohu. com，2003 年 10 月6 日。

和广告主传达了自己的这种变化以及努力的方向。[①]

（三）全球化与本土化

全球化是现代世界的一种普泛性现象。按照 A·吉登斯的说法，全球化是人类交往形式扩大化的产物，单纯从经济视角考察是远远不够的："全球化是指世界范围的社会联系的强化，这种联系的强化连接了距离甚远的地方，以至于此地发生的事是由千里之外彼地的事件所引起的，反之亦然。"[②] 就传媒产业的品牌经营来说，全球化既是一种社会现实，又是一种思维方式。从前一层意义上来说，传媒品牌全球化是指传媒品牌的全球性市场已经形成，全球性品牌是这个市场中的主导力量。以美国的传媒品牌为主，包括日本、英国、法国、德国等国家的一些强势品牌，已经形成了全球性传媒品牌市场的基本构架：美国的电视、报刊、电影品牌，日本的动漫品牌、英国的电视品牌，法国的电视品牌、电影品牌，德国的出版品牌等，基本上垄断了全球性传媒品牌市场，并形成了错位竞争的态势。现在，它们正在向富有潜力的市场——发展中国家大力进军，中国、印度、东欧各国都是重要的目标国家。

从第二层意义来看，全球化又是一种品牌经营的思维方式。这种思维方式表现为一种危机感和目标意识："国界消失了。我们必须扩展，我们不想成为信息高速公路边横七竖八的死尸之一……我们必须在某一天发展成为哥伦比亚或是华纳兄弟。" CanWest 国际传播公司——一个

① 湖南卫视从 2003 年确立了"以娱乐、资讯为主的全国性个性化综合频道"的定位，2005 年则进一步明确为"中国最具活力的电视娱乐品牌"，多年来一直是省级卫视娱乐化的领头雁。江苏卫视从"情感"特色到追求"幸福"，安徽卫视从"电视剧大卖场"到"剧行天下爱传万家"，再到"独剧魅力，与爱同行"，十几年来初衷不改。以上资料来源：各位视网站或网页、推广会宣传资料。其实，即使是主张"以新闻立台"的上海东方卫视，其娱乐节目的特色和影响一点也不亚于新闻节目。

② 转引自庄晓东主编：《文化传播：历史、理论与现实》，人民出版社 2003 年版，第 174－175 页。

二级国际公司的主席这样说。[1] 同时，它还表现为一种视角，用以寻找品牌经营的突破口。在传媒品牌的全球框架已经形成的今天，任何一个想有所作为，想在经济或政治、文化方面形成较大影响的品牌，都要有全球化的视角，关注传媒品牌全球化的进程，寻找自己的竞争力和突破点所在。日本和韩国避开美欧传媒产业的强势项目，分别主打动漫领域和电子游戏领域，一举奠定了它们在各自产业的主流品牌地位。其实，不仅仅那些立志打造全球性品牌的传媒组织要这样做，想打造地区强势品牌的传媒组织也必须做到这一点。中国媒体要走出国门，向全世界“讲好中国故事”，也需要有这种视野和思路。

本土化和全球化是相辅相成的，是一个过程的两个方面。任何一个品牌的全球化，都不是简单地把一个国家或地区的品牌原封不动地搬到世界其他地方，都需要根据当地的政治经济文化环境、消费者习惯、竞争对手情况等做“本土化”调整。可口可乐、麦当劳要这样做，以技术为核心竞争力的微软要这样做，传媒品牌由于和政治、文化等社会因素天然的紧密联系，强调全球化和本土化的平衡和互补更为重要。美国著名传媒政治经济学家罗伯特·W·迈克切斯尼在分析全球传媒市场时指出它的两大动力：一是新数字和卫星技术，二是国际资本主义组织（包括世界贸易组织、世界银行、国际基金货币组织等）和政府的影响。不过，作者也提到，许多国家和政府也对传媒和文化产业制定了相应的保护性政策，“这是影响全球化的另一种力量”。[2] 所以，传媒品牌的全球化，必须与本土化相配合。新闻集团总裁默多克在谈到自己这方面的感受时说：“如果你忘记了人们在他们自己的国家里想观看的是地

① ［美］罗伯特·W·迈克切斯尼：《全球传媒、新自由主义和帝国主义》，见尹鸿、李彬主编：《全球化与大众传播：冲突·融合·互动》，清华大学出版社2002年版，第39－40页。

② ［美］罗伯特·W·迈克切斯尼：《富媒体 穷民主：不确定时代的传播政治》，谢岳译，新华出版社2004年版，第113页。

方节目、地方语言和地方文化，那你就大错特错了。”“记得许多年前在澳大利亚，当新闻集团的电视网播送大量优秀的美国节目时，我们常常被二流的澳大利亚节目打得一败涂地。”①

如何处理全球化和本土化之间的关系？用 MTV 全球音乐电视台中国频道的曾经用过的一句口号，就是“全球化思考，本土化落实”。② MTV 在世界各地都尽量地本土化，包装打造本土主持人，推广本地娱乐明星，与当地的文化和艺术尽量接轨。如它在中国就一直全力打造李霞等本土主持人，推广李汶等娱乐明星，还把后者推上了奥迪卡颁奖典礼。不过，MTV 就是 MTV，它是维亚康姆的一个主要子品牌，一个全球性品牌，中国的 MTV 频道与其他国家和地区的 MTV 组织一起，构成了 MTV 这个强势品牌：一个以年轻人为主要对象、以流行音乐为主要特色、以电视为主要通道、带有很强的“美国血缘”的全球性品牌。

（四）网络化

2006 年初，路透社首席执行官汤姆·格罗瑟在互联网上撰文指出，“现在我们处在十字路口。老媒体（包括第一波网络出版）面临一个选择：融入新世界，否则将有落伍的风险。”③ 的确，基于互联网的新媒体是传媒业中发展最快、潜力最大的一个板块，几乎所有传媒组织都必须面对它的挑战，为自己在这个板块中争取最大的份额。2000 年以来，随着报纸等传统媒体经营状况的不断恶化，这一趋势更为明显。

传媒品牌网络化主要体现在三个方面：

1. 网络传媒品牌迅速崛起。从世界范围来看，Google、Facebook、Amazon、Twitter 等已经成长为可以与时代华纳、新闻集团等传统品牌相媲美的全球性传媒品牌。在中国，新浪、搜狐、百度、腾讯等发展迅

① ［美］威廉·菲勒：《默多克竞争策略全书》，宿景祥编译，光明日报出版社 2002 年版，第 399－400 页。

② 资料来源：www.mtv－china.com 2004 年 11 月 13 日。

③ ［英］汤姆·格罗瑟：《专业媒体必须拥抱博客》，《金融时报》2006 年 3 月 27 日。

速，已经成为公认的强势传媒品牌，博客、微博、微信等新媒体品牌不断出现，“今日头条”等正在颠覆传统新闻采写与报道的游戏规则。虽然这些品牌的经济价值和社会价值现在还难做定论，但在传统媒体增势疲软的大背景下，这些网络品牌无疑是最具活力的增长点。

2. 传统品牌“触网”。自20世纪90年代初报纸率先推出网络版以来，推出同名网络版和网站成为传统品牌进军互联网的一种普遍方式，以手机平台为主的移动互联网的发展开启了传统媒体的第二波“触网”潮流，如纷纷推出的“两微一端”。尽管绝大多数这种类型的“触网”经营并不理想，但它为传统媒体提供了一个网上的品牌传播渠道，而且提供了重要或不重要的互联网子品牌。

3. 并购网络品牌，增强传媒品牌的网络成分或向纯网络品牌转型。2000年前后，传媒业在世界范围内掀起了一场并购网络传媒品牌的高潮，这次高潮尽管受到人们诸多方面的质疑，但它所显示的方向并没有错，只是存在方法方式是否适当的问题。由此以来，传统媒体并购新兴网络品牌的案例不胜枚举，其是是非非自然难以短时间内盖棺定论，但它们共同表明了一个事实：网络化，正在不同程度地成为所有传媒品牌的基本走势。

（五）系统化

从品牌系统的观点看，任何组织品牌和绝大多数产品品牌都是由子品牌组成的品牌系统，这并不影响我们在抽象的和逻辑的层面上，把它们当作具有一般性的品牌来对待。例如，道琼斯是一个全球性的强势品牌，我们可以分析它的名称、标示、品牌个性、消费者特征等，也可以拿它与路透社、彭博社等其他全球性财经媒体品牌进行对比分析。同时，从品牌系统的观点看，它是一个母品牌，由下属的频道品牌和公司品牌等组成，其中知名品牌包括《华尔街日报》《亚洲华尔街日报》《华尔街日报欧洲版》《远东经济评论》《Barron’s》、《Smartmoney》等报刊品牌，道琼斯通讯社、Factiva、《华尔街日报》网络版、《道琼斯财经门户网站》等电子出版品牌，CNBC 全球财经频道等广播电视品牌。当然，每个子品牌又由节目（栏目）品牌等子品牌组成，从而构成了一个多层次的有机品牌系统。

品牌系统化就是指传媒组织越来越重视品牌系统的管理，不仅仅要注重各个子品牌的打造，更注重各子品牌之间的协调配合，形成合力。美国著名品牌专家大卫·爱格（David A. Aaker）强调，在一个复杂环境下管理品牌资产的关键，是要将每个品牌看作一个品牌系统的成员，而不是单个的表演者，品牌系统的成员们应协同工作，彼此支持……一个系统中的许多品牌会形成一个自然层次，并在系统中发挥不同的作用——如支持者、驱动器、战略品牌、银弹、品牌的利益、副品牌的作用。[①] 在品牌竞争越来越激烈的环境中，系统化正在成为各个传媒组织品牌管理的主要准则。

近年来，数字化、市场化和全球化是传媒产业发展的三个突出特征，它们也是促进传媒品牌系统化的三个主要力量。数字化为传媒品牌系统化提供了技术可能性，它使媒介信息在不同媒介之间的转化、复制和重新加工变得越来越容易，一举扫除了传媒品牌跨媒体、跨地区乃至跨产业发展的技术障碍。起始于 20 世纪 80 年代、以西欧为代表的市场化风潮消除了传媒品牌系统化发展的政策壁垒，它不仅促使私有媒介组织借数字化“东风”不断扩大自身所属品牌的数量和覆盖面，也促使公共性传媒组织正视日益加大的市场压力和社会压力，进一步扩张和优化自己的品牌系统。市场化的发展最终导致传媒业的全球化特征日益突出，而传媒全球化最突出的表征之一，就是全球性传媒品牌的不断发展。这些全球性传媒品牌，无一例外地具有庞大而复杂的品牌系统，它们集中体现了品牌系统化的特点和发展趋势。

---

① 转引自［美］凯文·莱恩·凯勒：《战略品牌管理》，李乃和等译，中国人民大学出版社 2003 年版，第 530－531 页。

如何构建良性的传媒品牌系统？这在全世界范围内都是一个没能够很好解决的难题。迪士尼、维亚康姆、新闻集团等是传媒品牌系统管理的佼佼者，它们为传媒品牌的系统化管理提供了可资借鉴的经验，但它们也无一例外地遇到了种种困难，并在不断地探索新的出路。也许，对于数字化背景下堪称“瞬息万变”的传媒产业来说，任何绝对性的对策都可能是一种夸张和误读。在动态发展中追求品牌系统的优化组合与动态平衡，是当今传媒品牌系统管理的唯一准则。

这些年，中国传媒产业也经历了一个迅速“做大”的过程，这也许有其必然性和必要性，但如何做强的答案，却没有在“做大”的过程中“水落石出”。从品牌建设方面来看，单个产品品牌的打造不乏优秀案例，但品牌拓展及品牌系统的打造却难尽人意。这固然有中国传媒产业的特殊性质以及特定的管理体制方面的原因，也有经营管理水平不够的因素。从世界传媒品牌发展的趋势上，至少在品牌经营管理层面，我们应该能领悟到一些东西。

第三节 中国传媒品牌的历史与现状

现实是历史发展的结果，存在着不可改变的历史规定性，任何事物的发展都必须遵守这种规定性，把历史发展规律和现实需要结合起来，才能取得真正的良性发展。品牌，是建立在人们的经验基础上的，某种程度上说是人们对相关组织或产品历史认识和感受的综合体现，具有更强的历史规定性。显然，不认识、尊重历史规定性，盲目地“借鉴”西方国家品牌经营的经验，人为地使中国传媒产业的品牌发展与西方国家趋同，我们必然会重犯五六十年重工业发展的错误。当然，过分强调历史规定性，看不到现实中存在的积极潜能，就难于改变中国传媒产业品牌经营的落后局面，错失发展的历史机遇。所以，梳理中国传媒品牌的历史与现状，是研究其品牌建设不可或缺的一个组成部分。

一、中国传媒品牌的发展历程

中国传媒产业的品牌经营，可以追溯到20世纪初期的上海报业。在经历了几十年的发展后，到20世纪初，上海报业市场竞争已经相当激烈，各大报纸都采用了一些推广和营销手段，增强自己的品牌在消费者心目中的地位。《申报》最具有代表性，它不但注重报纸的发行推广工作，还改变了等广告客户上门的传统，专门成立了广告推广科，向中外工商企业做宣传，阐述广告对于促进商品销售的作用，突出《申报》读者面广、发行数量大、刊登的广告具有特殊效力的优势。[①]《申报》还注重与读者的沟通，通过“本报启事”等自身广告、纪念日庆典活动、兴办文化事业、推行社会服务等手段推广自身品牌形象。1929年7月18日，《申报》还启用了“铎”商标。[②]《新闻报》等报纸也不甘落后，经常推出一些即使现在看来也相当专业的品牌宣传举措。例如，《新闻报》曾搞过一次空中广告活动，把写着“《新闻报》发行量最多，欢迎客选”字样的红布条系在气球上，升入空中，以扩大自己的影响力。[③]

到了20世纪30年代，中国报业的品牌经营实践已经由点到面，扩散到全国了，邹韬奋的“生活”系列报刊、天津的《大公报》、成舍我的“世界”报系等都是极具代表性的个案。邹韬奋先生一生创办和主编过“六刊一报”，有五个使用“生活”作为刊（报）名称的关键词，而且这些刊（报）在政治立场、个性特征和风格上继往开来，一脉相

---

① 宋军：《申报的兴衰》，上海社会科学院出版社1996年版，第91页。

② 聂晓梅：《从〈申报〉看传媒形象传播》，http：//www.chuanmei.net，2002年6月3日。

③ 陈培爱：《中外广告史》，中国物价出版社2001年版，第56页。

承，形成了强烈的品牌效应。这些报刊除《生活》周刊外，存在时间都不长，但都产生了很大的影响力，这种品牌效应功不可没。新记《大公报》在上海的商业性报纸和北京的政治性报纸之外，提出了“四不主张”（不党、不卖、不私、不盲），逐渐形成了自己“文人论政”的鲜明特色，堪称是中国报业史上最具有品牌特色的报纸之一。

上述这些经营活动，尽管还不能称为现代意义上的品牌经营，却具有很大的历史价值和个案价值，它们在中国传媒品牌发展史上占有不可替代的地位。

20 世纪 40 年代末到 70 年代末，基于特定的生态环境和历史环境，中国的传媒尤其是大陆的传媒一直是事业性质媒体占据绝对主导地位，意识形态功能高度强化，产业性质极度弱化甚至被否认。[①] 在这种情况下，传媒品牌的经营几乎无从谈起。

20 世纪 80 年代到 90 年代，是中国传媒品牌建设的过渡阶段。在这二十年里，传媒经历了“高扬新闻规律旗帜”“引进信息概念”“重新认定新闻事业性质”三次跨越，产业性质得到了逐步确认，产业发展日益加快，竞争也日趋激烈。[②] 在这个大背景下，传媒消费的品牌需求不断扩大，品牌问题开始受到关注，如《南方周末》等报纸的创刊并迅速走红，《今晚报》等“四大晚报”“走向全国”，体现了报业品牌经营的巨大潜力。进入 90 年代以后，随着周末报、晚报、都市报的相继兴起和电台电视台数量、播出时间的不断扩大，“一报两台”的局面不复存在，如何扩大自己的品牌效应以取得更好的经济效益和社会效益，成为许多媒体面临的一个重要课题。

1993 年是中国传媒产业品牌发展的一个关键年份。这一年出现了几个有标志性意义的事件：(1)《中国名牌》杂志创刊。其后两年“一

---

① 新中国成立初期的新闻改革曾关注过传媒的产业属性，但只是昙花一现。

② 李良荣：《中国新闻改革 20 年的三次跨越》，《新闻界》1998 年第 6 期。

些研究公共关系、广告、市场营销、管理、心理学、社会学、文化学、传播学、CIS的专家将目光投向了品牌理论”。[①]（2）《读者》因版权问题于1993年7月正式改用新刊名。由于和美国杂志《读者文摘》同名，中国影响最大的文摘类杂志《读者文摘》不得不改为《读者文摘月刊》，又于1993年7月再度改名为《读者》。（3）《东方时空》和《精品购物指南》诞生。中央电视台的《东方时空》栏目从一开始就体现出个性化的叙事风格和强烈的受众意识，《精品购物指南》杂志实施“窄化”定位，聚焦高端“小众”展开运营，它们都体现出相当程度的品牌经营意识。可以说，从这一年开始，中国传媒品牌进入了一个新的发展阶段。在接下来的六七年时间里，传媒品牌取得了长足的发展，《中国经营报》《精品购物指南》《南方日报》、湖南卫视、《玫瑰之约》《焦点访谈》《读者》《时尚》等是具有代表性的个案。

不过，从整个传媒产业来看，这一时期的传媒品牌仍旧处于自发式建设阶段，包括一些很有代表性的品牌个案，也只是在某一个层面、某一个运作阶段具备了品牌经营意识和品牌经营特征。

以电视栏目品牌为例，中央电视台的两大品牌新闻栏目《东方时空》和《焦点访谈》都并非完全是“主动出击”的产物，而是根据中央领导和有关部委的指示创办的，创办者则是“摸着石头过河”[②]，并没有完整的品牌经营思路。另一代表性品牌——湖南卫视的《玫瑰之约》是模仿凤凰卫视的《非常男女》，事先并没有做过市场调查和详细论证，只是抱着“大胆一试”的打算，“在事先没有做任何宣传的情况下，《玫瑰之约》不事声张地出现在湖南卫视的荧屏上。”[③] 因此，可以说，这一阶段传媒产业的品牌经营意识有很大提高，品牌建设实践有所

① 余明阳主编：《品牌学》，安徽人民出版社2002年版，第42页。

② 参见李蔚，鞠侃彬：《〈东方时空〉品牌定位的策略分析》，《电视研究》2004年第4期。

③ 贺大明、彭国元主编：《玫瑰之约》，中国广播电视出版社1999年版，第7页。

突破，但还没有形成相对独立的经营理念和操作体系，更没有上升到品牌系统和品牌战略的高度。

最近十几年，是引言部分所提到的“品牌热”阶段。一个热潮现象可能是蓬勃发展的表征，也可能是“头脑发热”、人人随波逐流的结果，或两者兼而有之。这一阶段的品牌热属于最后一种：人们对品牌和品牌经营的理解水平参差不齐，经营手段更是五花八门，效果更是有喜有忧：

弄潮儿有之，如南方报业传媒集团、湖南卫视、中央电视台、光线传媒有限公司等，他们的品牌经营颇有声色，既有战略高度的思考，又有具体的实践落实，从而建立起来了富有个性化的强势品牌（系统）；

“挂羊头卖狗肉”、概念炒作、言行不一者也不乏其人。如时下不少媒体声称要注重品牌打造，结果只不过是召开一两次所谓的品牌研讨会，或做几次所谓的“品牌广告”，其动机何在，不得而知；

对绝大多数传媒组织来说，它们已经意识到了品牌的重要性，也是真诚地搞品牌经营，但由于历史因素、环境限制、理论认识不足等原因，它们的品牌经营还很不成熟，随波逐流或简单模仿的多，富有创见和底蕴的少。

这三种情况汇聚在一起，便形成了五光十色、热闹非凡的品牌创建与经营热潮。然而，高潮过去，必有低落，尤其是那些“徒有其型”的品牌举措，花样玩尽，便露出了“内功不足”的马脚，结果，表演者和观众都失去了兴致，“品牌热”近几年便有了转“冷”的趋向。而真正的弄潮儿，始终没有停止建设的步伐。

所以，总体上看，中国传媒产业的品牌建设取得了很大成就，经营水平也有了很大提高，不过，过分追求短期效益的现象较为普遍，品牌行为缺乏一致性和系统性①，需要进一步地发展和完善。

---

① 品牌经营系统性的缺失主要表现在两个方面：从单个品牌来看，各种经营手段零散甚至冲突，缺乏整合；从品牌系统来看，子品牌越来越多，但往往各自为战，难以形成系统的“协同效应”。

二、中国传媒品牌的现状素描

（一）从品牌的基本属性来看，中国传媒品牌呈现出以国有公共事业性品牌为主、商业性品牌为辅的基本格局

根据中国的法律政策和传媒现状，中国大陆几乎所有的报纸、杂志、广播、电视以及具有新闻采访资质的网络媒体都是事业性质的组织，相应地，事业性质的品牌在中国传媒品牌中占据主体地位，包括传媒集团级品牌、报社、电台电视台、网站等组织品牌、频道品牌和绝大多数的栏目（节目）品牌、主持人品牌等。这些品牌必须以公共服务为基本目标，原则上都不能进行市场化经营。

商业性品牌的构成比较复杂，有民营性质的品牌，如光线传媒、欢乐传媒等公司品牌及其下属的《娱乐现场》《欢乐喜剧人》等产品品牌；有外资性质的品牌，如 MTV 音乐频道、星空传媒等；也有事业性质传媒组织下属的经营性商业品牌，如电广传媒、博瑞传播等；还有一些合资性质的品牌，如中外合资性质的《计算机世界》，国有和民营合资性质的《笑傲江湖》（东方卫视与欢乐传媒合作）、《中国好声音》（浙江卫视与星空传媒旗下的灿星制作合作），等等。

在这几类品牌中，外资品牌数量有限，市场发展也受到很多限制；民营品牌多为专业性内容制作商，渠道上往往要依赖国有传媒；国有传媒组织下属的经营性商业品牌数量较多，有一些已经成为全国性的强势品牌，如电广传媒、东方明珠等，但它们一般也都依托于事业性品牌。所以，商业性传媒品牌整体上尚无法与事业性品牌相抗衡。不过，也要看到，随着新媒体的发展，它们的发展势头很猛，在出版发行、电影电视内容制作、广告经营等领域，有着巨大的发展空间。

（二）从品牌影响范围大小来看，中国传媒品牌可以分为全国性传媒品牌和地方性传媒品牌

全国性传媒品牌是指具有全国影响、其受众和广告商等主要关系利

益人具有全国分布特征的品牌，如《人民日报》、中央电视台、今日头条等。地方性传媒品牌是指以区域受众和广告商为主要关系利益人的品牌，如《广州日报》、北京卫视、《梨园春》（河南卫视节目品牌）等。基于中国传媒产业的事业体制和行政规划格局，中央级媒体与全国性品牌、地方媒体与地方性品牌有相当强的对应关系，但两者的划分标准不同，并不是全部重合的。例如，湖南卫视是一个省级卫视，却定位为“中国湖南卫视”，是一个有全国性影响的电视频道。《体坛周报》《读者》《南风窗》等报刊都是地方组织办的，却是地地道道的全国性品牌。

（三）从传媒品牌的不同层次来看，集团层、台/报/网层、栏目/节目层都出现了一些强势品牌，但发展水平不一

相比较而言，集团品牌的现状最不尽人意，真正形成品牌效应的传媒集团屈指可数。这和中国传媒集团的发展时间短、组建集团多是行政意志“拉郎配”有很大关系，也和在“做大”的过程中把注意力更多地集中到了“产业链效应”“马太效应”、风险分流效应方面，对品牌问题关注不够有关。例如，仅从名称上来看，不少传媒集团就违背了品牌命名的规律，有些集团的名字和下属子品牌的名字极其相似，不但一般受众难以区分，有时业内人士也搞不清楚。出现这种现象的原因是多方面的，如延续行政事业单位的命名习惯、均衡各方面的利益关系、利用已有品牌的影响力、“省事方便又稳妥”等，可谓“情有可原”，但这对集团品牌的打造，确实是没有多少益处可言的。

台/报/网层、栏目/节目层品牌的现状，要比集团层好得多。不过，在报纸、杂志、广播、电视四大传统媒体中，这两个层次的发展并不均衡。

电视产业在这两个层面发展比较完备。在电视台、电视频道层面，从中央电视台到省级卫视，再到其他省市级电视台、电视频道，都出现了一些代表性的品牌，如中央电视台及其下属频道，湖南广播电视台、

江苏卫视、浙江卫视等，这些电视台或电视频道无论从品牌知名度、美誉度、忠诚度上，还是从品牌包装、品牌沟通和品牌个性的塑造上，都取得了不菲的成绩。在栏目/节目层面，中央电视台的《新闻联播》和《焦点访谈》、湖南卫视的《快乐大本营》、江苏卫视的《非诚勿扰》、河南卫视的《武林风》等，都是富有代表性的全国性或地区性强势品牌。

报纸产业的品牌效应主要体现在报纸层面上，传统的强势品牌如《人民日报》《中国青年报》《参考消息》《广州日报》《北京青年报》《南方都市报》《新京报》等依然具有很高的品牌知名度，但随着近两年报业经营的断崖式下滑，报业品牌在创新及向网络、手机延伸方面都乏善可陈，除了各级党报呈现出复苏之势以外，其他报纸的品牌经营面临很大的危机。

广播产业在台、频率层面和节目/栏目层面都有一定表现，出现了像北京音乐频率、交通频率这样的富有代表性的专业性品牌，但整体来看，广播产业的品牌经营多以服务地方为目标，其影响力相对较小。杂志方面，中国有一些传统的强势品牌，如《瞭望》《半月谈》《三联生活周刊》《财经》等新闻期刊品牌以及《读者》等其他种类品牌，不过，一些新兴的杂志如《时尚》《新周刊》和合作性质的杂志如《瑞丽》《ELLE 世界时装之苑》等，品牌经营更加纯熟。

网络品牌主要依托传统媒体组织而生成，除了今日头条这样的“准”网络品牌，纯粹的网络品牌尚难成气候。当然，随着微博、微信、朋友圈和其他各种手机应用程序的发展，新媒体展现出诱人的机会，新旧媒体人纷纷跳出体制“单练”，于是各种“微媒体”“自媒体”品牌如雨后春笋般涌现，令人目不暇接，不少人做着“papi 酱”式的美梦，但真正成功者寥寥无几，能够经历时间考验的更未可知。新媒体网络品牌在喧嚣中发展，到底有多少能够涅槃为强势品牌，又有多少将散落为一地鸡毛，我们只能拭目以待。

另外，中国传媒品牌呈现出地域分布不平衡的特点。东部传媒产业比较发达，品牌发展也较快，尤其是北京、上海和广东三地，聚集了大部分全国性传媒品牌，其地方性品牌在全国品牌结构中也占据着举足轻重的地位。广大中西部地区品牌发展则缓慢许多，这里尽管也有像《读者》这样的全国性强势品牌，但毕竟是少数个案，很难带动整体传媒产业的发展。

总之，经历几十年的发展，中国的传媒品牌已经具有了一定的基础，但各种性质、各个层次、各个地区的品牌发展不均衡。这种状况也许不能让人满意，但也为后来者提供了广阔的发展空间。沧海横流，方显英雄本色，中国传媒产业的品牌经营，正期待着有志之士大显身手，共创辉煌。

显微镜之历史钩沉

《绝对挑战》的品牌打造方略解析[①]

在电视产业竞争日益激烈的今天，新的强势品牌无疑具有强大的影响力和竞争力，如中央电视台经济频道《绝对挑战》。这个形式和内容都有点让人感到陌生的节目于2003年10月25日开播，播出三期收视率冲进央视二套前十位，六期冲进前五位，九期收视率达到0.5041%，市场竞争力升至0.99%，逼近了一个富有竞争力的名牌栏目的统计指标：1%。[②] 无疑，这是一个值得剖析的个案。

一、创新：活力之源

这是一档什么类型的节目？它是经济类节目还是娱乐类节目？是现实生活的“实录”还是“真人秀”？节目的策划者也难以给它归类。央

① 本文发表于《新闻界》2004年第4期，有删节。

② 数据来源：《关于〈绝对挑战〉》、《〈绝对挑战〉带给我们什么?》，《现代传播》2004年第2期。

视经济频道节目副总监王进说，这是一个在经济、服务、娱乐的交叉点上生长起来的新型节目。[①] 它的精髓，贵在创新。

1. 创意概念

Content Project 执行创意总监斯蒂文·卡扎吉安在谈到电视品牌打造时说："不要从设计工作开头。创意概念，也就是你想要传递的信息才更重要。一旦把这一点确定下来，你的其他工作就不难与之联系起来。"[②] 的确，电视节目品牌的打造不能止于形象包装，尽管这是当今的一个流行做法。一个强势电视品牌，必须提炼出自己想要表达的核心概念，并用简练、富有感染力的关键词句把它表达出来，以求迅速地在受众心目中留下深深的"烙印"。

《绝对挑战》尽管借鉴了国内外同类节目的经验（如阿根廷的《人力资源》），却具有独特的创意。国内外的职场节目多是"取法乎下"的"救济"模式，"帮你找工作"。《绝对挑战》则别出心裁，在"共活""多赢"的现代商业理念指导下，完成了"教你找工作"的概念创意，强调栏目的教化职能。这种创意无疑是与中国的就业形势、与中央电视台的地位相适合的。节目一经推出便迅速走红，正如国家发改委社会发展研究所的张本波先生所言："《绝对挑战》节目的价值，不是体现在具体的就业服务上，而在于其倡导的就业理念。"[③] 可谓一语中的。

2. 亦"真"亦"秀"：节目形态创新

《绝对挑战》把现实生活中的人才招聘和"真人秀"结合在一起，可谓亦"真"亦"秀"，节目的严肃性、内容的服务性以及较强的可视性使《绝对挑战》新意十足。

---

① 《〈绝对挑战〉：以人为本实现多赢——经济频道节目副总监王进访谈摘要》，《现代传播》2004 年第 2 期。

② 《世界 2003 - 2004 电视媒体指南》，香港 CMM 信息咨询有限公司编译，中国国际广播出版社 2004 年版，第 19 页。

③ 张本波：《接力积极的劳动力市场政策》，《现代传播》2004 年第 2 期。

“真实的招聘，真实的结果”，是《绝对挑战》的一个口号，也是这个节目的基本特征。“《绝对挑战》合法生存的底线，就是保证节目职位真实，参与者身份真实，招聘过程真实，招聘结果真实。”① 这种真实性，也是节目实现接力积极的劳动力市场政策、服务就业者的根本保证。但是，电视节目毕竟要把求职过程电视化，仅仅做到真实显然是不够的。为此，《绝对挑战》加入了不少“秀”的成分。如“实力作证”环节，无论是当事人的言行，还是节目制作者对素材的剪辑，都体现出明显的“真人秀”诉求。另外，在整个节目过程中，主持人的某些幽默言行，应聘者、招聘方代表、专家以及主持人之间的交流、辩论，都带有明显的作秀成分。

二、整合传播：沟通之道

如今，对电视观众“眼球”的争夺日趋激烈。《绝对挑战》作为一个后来者，不可能抱定“酒香不怕巷子深”的古训而迅速成长。它整合了各种传播手段，依照品牌化运营的规律追求与受众的沟通，取得了很好的效果。

1. 打造品牌识别系统（CI）

品牌识别系统（CI）主要包括理念识别系统（MI）、视觉识别系统（VI）和行为识别系统（BI）。理念识别系统是对品牌理念简洁明确地概括表达，“帮你找工作，教你找工作”是《绝对挑战》品牌理念的简洁概括，也构成了理念识别的主要组成部分。《绝对挑战》的行为识别系统主要由节目的三个环节（“压力面试”“实力作证”“人在职场”）以及由此表现出来的亦“真”亦“秀”构成的。视觉识别系统是品牌识别系统中最显在的组成部分，也是电视节目品牌需要苦心打造的一个方面，主要包括标示（Logo）、片头、演播厅设置（造型、色彩等）、主持人等。《绝对挑战》的演播厅以层次不同的蓝色为主色，配以黄色

① 詹未：《〈绝对挑战〉挑战了什么?》，《现代传播》2004 年第 2 期。

和少量红色，造型采用多直线、大弧线，营造出一种稳重、理性的“招聘现场”感觉。标示置于演播厅的视觉中心，主体是“绝对挑战”四个富有动感和力度的美术字，以红心黄环的两个同心圆为背景，极有感召力和现代感。在整个录播过程中，这个Logo画面多次播放，给受众造成很强的视觉冲击。另外，以卡通小人为主要符号的片头既体现了现代职场的理性和竞争，又富有幽默感。应聘者座位的后方被别具一格地处理成星空背景，别有一番寓意和诗情。

主持人一直是电视节目的“名片”。《绝对挑战》不是一个以主持人为核心的节目，但男主持人李佳明以其稳重大方又不失幽默的风格，仍然成了不少观众结识《绝对挑战》的一个重要渠道。女主持人数月内几次更换，虽然原因各不相同，也不失为一个招聘类节目区别于其他节目的识别元素。

2. 多媒体联合互动，整合传播渠道

《绝对挑战》采用多种渠道与受众进行沟通，营造传播的“合力”。开播前夕，它就运用自己的资源优势，在不少报刊、广播电视和网络媒体上为自己“造势”。节目播出以来，由于节目话题的受众关注度较高、新闻“卖点”较多，不少媒体给予了极大关注。《绝对挑战》受众知名度和美誉度、忠诚度的迅速提升，与媒体的热心传播密不可分。最值得关注的，是它的多媒体联合制作、推广节目的方式。

《绝对挑战》一开始就抓住了网络这个互动性强的媒体，与智联招聘网、新浪网合作，共同打造这档节目。报名者可以登录智联招聘网或新浪网报名，报名者的数据资料最终汇集到智联招聘网，然后由智联招聘网和企业进行数次选拔，最终由《绝对挑战》节目组、智联招聘网、企业和应聘者共同参与制作这档节目。节目还与北京青年报等结为合作媒体。通过与这些强势媒体的联合，节目不仅拓宽了宣传渠道，能够全方位、立体化地覆盖各种媒体的受众，迅速扩大影响力，也节约了制作成本。现在，节目还通过央视网站和智联招聘网对即将播出的节目开展网上预测，进一步调动受众的参与意识和对节目的收视期待，收到了很好的效果。

三、挑战：未来之路

《绝对挑战》虽然取得了不菲的成绩，但仍然不是一个稳定的强势品牌节目。英国著名品牌专家菲欧娜·吉尔摩告诫我们："几乎没有一个品牌可以在短时间内完全树立。而且，即使可以很快建立，它们通常缺乏类似横跨数代的大品牌那样的内涵，因此，这些品牌会如同它们快速崛起一样很快消失。"①《绝对挑战》作为一个在较短时间内建立起来的节目品牌，虽然取得了较高的品牌知名度和美誉度，但要获得较高的受众忠诚度，要在受众心中建立起稳固而且深刻的品牌情感联系，还要假以时日。曾担任派拉蒙喜剧频道品牌重塑工作的布鲁斯·当勒普先生曾经批评一种流行现象："现在有很多看上去很漂亮、但是毫无感情的品牌。它们干净整洁，却无法让观众觉得与它有联系。"②《绝对挑战》不是一个以情感见长的节目，它的立足点是"教你找工作"，节目中注重的是信息和知识的传达，与许多节目（如"速配"节目）相比，情感诉求显然不足。尽管节目中也常常有涉及个人情感之类的内容，但很难引起受众的情感共鸣，有些还给人一种游离节目之外的感觉。毕竟，品牌情感不是靠节目中的一些"花边"内容所能达成的，它应该生发于节目的价值观和核心内容，并与受众产生深刻的共鸣。在这方面，《绝对挑战》还有很大的上升空间。

创新，是《绝对挑战》必须面对的另一个挑战。尽管每一个电视节目都要接受创新的考验，但作为一个以招聘实录为主要内容的节目，要做好这一点更加困难。毕竟，招聘是一个模式化、理性化色彩非常浓

---

① 《钢索上的品牌战士》，［英］菲欧娜·吉尔摩著，刘军等译，中信出版社2002年版，第1－2页。

② 《世界2003－2004电视媒体指南》，香港CMM信息咨询有限公司编译，中国国际广播出版社2004年版，第19页。

重的活动，没有层出不穷的“花样”。节目的知识性是创新必须克服的另一道障碍。感情容易消逝，需要时时补偿，这正是“速配”等类型节目长盛不衰的一个主要原因。知识则不同，它需要时时更新，一期节目所传达的知识不能多处让人感到“似曾相识”。而在一个特定的时间段内，可以“电视化”表述的相关知识毕竟是有限的。突破知识“瓶颈”，是《绝对挑战》创新的关键所在。

第三章

中国传媒品牌建设的动因和制约因素分析

第一节 外国传媒品牌及其进入：外部动因分析

影响中国传媒品牌建设的外部动因主要包括两个层面。产业层面来看，整个品牌消费需求的提高、其他产业品牌经营的影响、一般性品牌理论的发展等，都对传媒品牌的发展有相应的促进作用。从国家和地区层面来看，境外传媒品牌的发展及其不断进入，构成了中国传媒品牌发展的主要外部动因。与其他外部因素相比，这种因素更直接，影响也更大，尤其是全球性传媒集团，正在成为中国传媒产业品牌建设必须面对的一个巨大存在。

一、中国：外国传媒品牌的重要潜在市场

中国是世界传媒产业的一个具有很大发展空间的重要市场，也是外国传媒组织尤其全球性传媒集团渴望开垦的一片“沃土”。“中国应该成为任何全球策略的一部分”，维亚康姆总裁雷石东说，“中国肯定是

对我们公司未来的发展具有举足轻重的作用。”① 这种说法也大致反映了所有全球性传媒集团的观点，从新闻集团、贝塔斯曼、维亚康姆、时代华纳等集团包括 Facebook 的最高领导人频繁的中国访问中，我们可以得出大致相同的判断。但是，由于中国多年来态度谨慎，对外国传媒的进入在政策上“亮红灯”，外国传媒集团在中国一直像“石壁上种花”，处于“寻找缝隙钻进去”的阶段。② 尽管如此，他们没有气馁，一直热情不减：“不要躲避锋芒，也不要坐等中国加入 WTO 将带来的机会。主动、正面地与中国政策对接。”③ 新闻集团总裁默多克的说法代表了他们的决心和态度。

在中国以事业性为基本特征的传媒生态环境中，相对于资本和某些传媒产品（如新闻产品）的“刚性”特征，品牌具有非常大的弹性，便于在“互利互惠”的原则下灵活操作。所以，品牌进入是外国传媒组织进入中国传媒产业的一个重点。20 世纪 80 年代初，外国传媒品牌开始进入中国。美国的国际数据集团是一个典型个案，它于 1980 年进入中国，与中方联合创立了《计算机世界》周刊，后来又出版发行了《计算机世界报》《微电脑世界》《IT 经理世界》等出版物。新千年前后，随着中国传媒产业的发展和政策环境的逐步宽松，外国传媒品牌尤其是全球性传媒集团的品牌进入步伐明显加快。时代华纳、迪士尼、维亚康姆、贝塔斯曼、新闻集团等都采用了各种各样的策略，力争把自己的品牌打入中国市场。举办论坛、节目交换、品牌合作、特许经营……不知不觉中，一些全球性传媒品牌已经在中国消费者心中打下了深深的烙印，如 MTV、《财富》《福布斯》等。近年来，由于中国政策的限制以及网络新媒体替代作用的增强，四大传统媒体方面并没有太多的外国

① 萨莫·雷石东 2004 年 3 月 20 日在清华大学的讲演。

② 《远东经济评论：传媒巨头在中国的哀与乐》，http：//www. woxie. com，2002 年 12 月20 日。

③ 张小争：《跨国传媒巨头的中国未来》，www. mediachina. net，2003 年 4 月 7 日。

新品牌进入中国，然而，随着新媒体的无边界传播以及传媒产品品牌合作的发展，中国仍旧是外国传媒努力开拓的一个重要市场。

二、外国传媒品牌的进入路径分析

这里所说的外国传媒品牌，主要是指商业性传媒品牌。某些国家性或公共性传媒品牌，如 BBC、NHK、VOA 等，往往通过频率覆盖等方法影响中国人民，以达到特定的政治、文化宣传与教化等目的，这里不做讨论。

传媒产业不同于一般产业，世界各国一般都制定了相关的特殊保护措施，基于具体国情以及传媒产业在世界上的相对弱势地位，中国更是如此。在这种情况下，外国传媒品牌谋求在中国的发展，一般都是建立在互利互惠基础上的，合作是它们的基本思路，也是它们的基本原则。在此基础上，外国商业性传媒品牌的进入路径可以分为三个类型：

（一）公关宣传活动

2000 年以前，中国对外国传媒组织在国内开展经营活动控制相当严格，这意味着外国传媒品牌要进入中国，面临着双重困难：一是品牌经营缺乏组织实体和产品实体的支持，二是各种品牌活动本身要受极大限制。在这种情况下，不少外国传媒组织采用公关宣传策略，通过协调各个方面的关系，举办各种活动，以达到宣传品牌、提高自己的品牌在中国人和中国政府心目中的知名度和美誉度的目的。这不但是它们品牌进入的重要手段，也是它们进入中国的整个传媒战略的重要一环。

时代华纳的《财富》论坛活动和 MTV 音乐电视频道与中央电视台开展的“CCTV－MTV 音乐盛典”颁奖活动，是外国传媒组织品牌公关活动的代表之作。美国时代公司的“《财富》全球论坛”迄今举办了 12 次，其中 4 次在中国举办（1999、2001、2005、2013），地点分别是上海、香港、北京和成都，据报道，新一届论坛将在广州举办。通过举办论坛活动和相关的媒体报道，《财富》在中国白领受众心目中的知名度和美誉度大大提高，也给中国政府留下了良好的形象。MTV 音乐电视频道与中央电视台联合举办的“CCTV－MTV 音乐盛典”颁奖活动也是从 1999 年开始的，到 2012 年举办了 11 届。根据 AC 尼尔森调查公司的数据显示，1999 到 2002 年的 CCTV－MTV 音乐盛典在中央电视台播出时不断创出收视率新高，2000 年达到 7.8%，2002 年达到 9%，均为全年同时段电视节目的收视最高点。[①] 这就意味着连续数年有上亿中国观众感知 MTV。MTV 的母公司维亚康姆的总裁雷石东对这一活动非常满意：“我们已经与中国方面一起取得了巨大的成功，比如中央电视台和 MTV 合办的 CCTV－MTV 音乐盛典是一次开拓型的活动……这些大型活动一般能吸引大量的观众并获得热烈的广告支持。”[②] 的确如此，这是一个巧妙的策划，一个“双赢”的活动：中央电视台收获了广告，MTV 收获了品牌影响——早在十年前，MTV 在中国就几乎成为音乐电视的代名词了！

（二）品牌合作

从广泛的意义上说，由于外国传媒在中国一般都采取本土化策略，寻求与中国传媒的合作，外国品牌进入中国的所有形式都带有品牌合作的影子。这里所说的品牌合作，是指合作双方都以发展品牌为目的的合作。一方打品牌、一方得到内容或广告收益等“实惠”的做法，以及不涉及品牌的其他合作，均不在本节所讨论的“品牌合作”之列。

目前外国传媒组织在中国的品牌合作，多是中外合作型的，主要有两种方式：节目交换和共同打造子品牌。

节目交换即合作双方交换节目，是一种利用对方的传播渠道和品牌影响力推广自己的节目品牌或组织品牌的方法。早在 1995 年，维亚康姆就通过旗下的 MTV 与中国展开节目交换。[③] 1996 年，中央电视台与

---

① 资料来源：www.CCTV.com，2002 年 11 月 20 日。

② ［美］萨莫·雷石东：《创建国际传媒企业的三部曲》，《中国广告》2002 年第11 期。

③ 钱晓文：《外资传媒在华经营模式及其影响》，《新闻记者》2001 年第 6 期。

美国映佳国际传播公司开始进行品牌合作，根据双方达成的节目交换协议，中央电视台向映佳国际提供综合报道、专题、体育、少儿和电视剧等节目，映佳国际公司在其国际频道中每天用一小时的黄金时间向北美地区播出。此后十几年，映佳国际向中央电视台提供获奖影片、综艺节目、电视剧场和古典音乐节目，供中央电视台选编播出，其中在央视 8 套黄金时间播出的《每日佳艺》最具代表性。中央电视台与维亚康姆、时代华纳关于 CCTV－9、CCTV－4 开展的合作，也属于这种形式。

合作打造子品牌，是 2004 年开始升温的一种品牌合作方式。中国的一些传媒组织早就在通过各种方式与外国公司合作，但除了一些特殊性的个案（如信息产业部电子科技情报研究所与 IDG 的合作）外，都是一些松散的、遮遮掩掩的资本合作，如 2003 年的数字电影《关东刀客》其实就有时代华纳的投资，但这种合作“有实无名”，没有多少品牌合作成分。[①] 迈进 2004 年后，基于入世三年保护期将至和可预期的政策变动等原因，中外传媒组织合作打造子品牌的工作也开始由遮遮掩掩的权变行为转变成“堂而皇之”的时髦之举。2004 年 3 月 24 日，世界传媒巨头维亚康姆与上海文广新闻传媒集团签署协议，双方将合资组建一家电视节目制作公司。5 月 1 日，《外商投资图书、报纸、期刊分销企业管理办法》开始实施，境外投资者得以在华设立书报刊的零售企业。7 月 26 日，道琼斯公司宣布与第一财经传媒有限公司合作推出一个中国综合基准指数——“道琼斯第一财经中国 600 指数”，并于 9 月正式推出。[②] 10 月 28 日，国家广电总局和商务部联合发布《电影企业经营资格准入暂行规定》和《中外合资、合作广播电视节目制作经营企业管理规定》。这两个文件出台以后，由华纳兄弟影业公司、中国电影集团、横店集团合作的中影华纳横店影视有限公司，影视巨头索尼

① 俞亮鑫、江华、郑叶：《中外影视产业名正言顺结缘》，《新民晚报》2004 年 12 月 31 日。

② 《传媒·传媒月讯·国外》，《传媒》2004 年第 9 期。

公司与中影集团旗下的华龙数位制作公司合资组建的影视节目制作公司“华索”相继宣告成立。从资本合作到品牌合作，从“有实无名”到“名正言顺”，共同打造合作品牌迅速成为外国传媒品牌进入中国市场的重要方式。

（三）直接进入

在直接进入方面，杂志品牌最早、发展也最成熟。1980 年，国际数据集团（IDG）获准与信息产业部电子科技情报研究所合资创建了中国第一家合资出版公司，该公司的《计算机世界》《IT 经理世界》《网络世界》等都带有 IDG 的血统，《数字财富》《好管家》等杂志则是“原汁原味”的外国品牌。时代华纳以英语学习的名义，将《时代文摘》打入中国市场，并且以版权合作的形式将《商业周刊》《财富》中文版成功发行。《世界时装之苑》《瑞丽》《男人装》等分别来自法国、日本等国的杂志品牌，都是通过合资或特许授权等方式进入中国市场的。

相对而言，报纸广播电视品牌的进入要缓慢得多，尤其是相关组织品牌。由于中国把有出版权、报道权的报纸、电视台、广播电台等实体视为事业机构，政策上控制非常严格，外国品牌很难进入。直到 2001 年以后，中国才相继批准了 30 多个境外电视台在珠江三角洲等地有限落地，电视组织品牌直接进入取得了一点发展。相关产品品牌的直接进入，特别是电视节目品牌的进入，却日益成为一种普遍现象。迪士尼的《小神龙俱乐部》、MTV 的《MTV 天籁村》和《丽丽点唱机》等，都是前几年颇为成功的个案。近几年引起广泛关注和巨大成功的电视娱乐节目品牌，不少都是直接引进的外国品牌，如浙江卫视的《中国好声音》（荷兰的 The Voice of Holland）、《奔跑吧兄弟》（韩国的 Running Man）、江苏卫视的《最强大脑》（德国的 Super Brain）等。

开办中文网站是另一条重要的进入途径。与四大传统媒体近年来进入势头放缓不同，外媒中文网保持了一贯的势头，如 BBC 中文网

（1999年）、共同网（2001年）、《华尔街日报》中文网（2002年）、《金融时报》中文网（2006年）、福布斯中文网（2010年）、《彭博商业周刊》中文网（2011年）、《纽约时报》中文网（2012年）、《纽约时报》国际生活（2013年）等。[①] 同时，其中的不少媒体也开发了自己的社交媒体或自媒体品牌，虽然它们还没有体现出多大的竞争力，但作为一个新的、尚未得到良好管控的市场，这些品牌还是应该引起足够的关注。

三、外国传媒品牌进入对中国传媒品牌的影响

外国传媒组织在中国的品牌活动，主要不是为了短期赢利，很多活动都是“赔本”生意。扩大品牌影响力，为该品牌或公司其他品牌的长远发展铺路搭桥，是这些活动的基本出发点。时代华纳前首席执行官李文一语道破天机：“我们现在要让更多的中国人看到我们的《时代周刊》《财富》和CNN及其他新闻报道。我计划让我们的记者与管理人员走遍全中国，因为终有一天我们会来到中国市场。”[②] 可以说，外国传媒品牌进入中国，具有长远的战略目的。

外国传媒品牌的进入对中国传媒品牌的影响是多方面的。外国品牌尤其是一些全球性品牌不但拥有先进的经营理念、完善的管理体系和强大的品牌资产，而且有全球性传媒集团做依托，它们的进入势必对相对弱小的中国品牌产生负面影响。“我们的客户知道奥美的优势：我们的员工熟知如何树立品牌。因为当你进入一个全新的市场时，首先需要的是建立品牌，而不仅是买卖产品或服务，需要把目标消费者与自己的企业连接起来。没有人能在品牌建立上比奥美做得更好。”[③] 奥美公共关系国际集团总裁兼首席执行官鲍勃·塞尔特（Bob Seltter）的这段话是

---

① 郭石磊：《外媒中文网在中国社交媒体中的传播》，《新闻爱好者》2014年第6期。

② 张小争：《跨国传媒巨头的中国未来》，www. mediachina. net，2003年4月7日。

③ 邵忠主编：《跨国公司中国营销实战录》，百家出版社2002年版，第158页。

一个鲜明的注脚。维亚康姆前总裁雷石东在中国的多次演讲，每次都极力推广自己公司的 MTV 和 Nicklodeon 两个全球性品牌，扩大它们在中国的竞争力。这并不是要夸大外国传媒品牌的威胁，而是强调我们必须正视这个问题。对此，李彬先生评价文化帝国主义和全球化现象的一段话很有借鉴意义："以为看了一部《泰坦尼克》大片或是翻了一部《廊桥遗梦》畅销书立刻就怎么样，甚至整个民族及其文化都怎么样，显然是一种简单化的思维模式。但是，如果就此得出结论，断言好莱坞激荡整个世界的影视制作只是玩玩闹闹，其实没有什么深意和影响可言，更说不上什么宰制的意味，那可就更简单化了。"① 现在，外国传媒品牌还没有对中国传媒品牌和中国传媒产业形成实质性的威胁，但从电影和电视节目市场等方面，我们已经能够感受到它们的巨大影响力。拒之于国门之外不是办法，不闻不问是自欺欺人，恰当评估它们对中国传媒产业可能带来的影响，以求在互利互惠的基础上为我所用，壮大自己的传媒品牌，推动我国传媒产业良性发展，才是应有之举。

应该看到，外国传媒品牌的进入也有积极的意义。20 世纪 80 年代，由于品牌经营意识不足等原因，不少中国品牌被外国企业恶意收购然后废弃，代之以"洋"品牌，给国家造成了极大的品牌损失。得益于多方面的政策保护，传媒产业没有出现类似的状况。现在，外国品牌带来了先进的经营管理理念，无疑有益于增强我们的品牌经营意识和品牌竞争意识。当然，这绝不意味着中国传媒产业可以"无为而治"，只要看看经历十几年的引进、模仿，我们迄今还需要引进多少电视节目品牌，就可以从一个侧面透视出中国传媒品牌建设的不足。外国传媒品牌进入，绝不是为了培养强大的中国竞争者，而是要寻找自己的发展空间。中国传媒产业只有充分利用自己的产业优势和政策优势，探索适合

---

① 李彬：《批判视野中的全球化与大众传播》，见尹鸿、李彬主编：《全球化与大众传播：冲突·融合·互动》，清华大学出版社 2002 年版。

自己的品牌经营规律，才能够在不断激烈的品牌竞争中发展壮大自己的品牌，使之成为做大做强中国传媒产业的一个重要方面，促进其健康发展并使之不断地走向世界。

第二节 竞争环境下的必然选择：内在动因分析

内因是变化的根据，外因是变化的条件，外因通过内因起作用。所以，分析中国传媒产业品牌建设的动因，还必须考察它的内在动因。笔者认为，最主要的动因来自于以下四个方面：即传媒竞争的加剧、传媒产业化的发展、传媒市场体系的不断成熟和提升传媒集团竞争力的需要。

一、传媒竞争的加剧

单纯从报纸、电台电视台等媒体组织的数量来看，中国传媒产业最二十年都没有太大变化。但在数字背后，传媒之间的竞争越来越激烈了。

首先，许多传媒实体所提供的产品和服务的数量、种类成倍地增长。举几个最简单的数字：1993 年，一般省级电台电视台只有一到两个频道，中央电视台也只有四个频道，而现在，一般的省级电视台都有十几个频道甚至更多，加上数字化频道，就有几十个之多。报纸方面，1993 年大报一般也只有 4 到 8 版，最厚的《广州日报》也不过 16 版，而现在，一般的强势报纸都在 12 版以上，都市报、生活时尚消费类报纸一般都在 32 到 48 版之间。这些媒体向互联网和手机媒体的扩展，等于又增加了两倍数量的媒体，再加上新创建的网络媒体和手机媒体，即使不考虑各级企事业单位自办的媒体，专业性的媒体数量也比二十年前多出数十倍。

这么多的媒体，传媒组织如何实行内部管理？又怎么能打动受众，使他们选择“这一个”而不是其他？品牌经营不是唯一的方法，但已经成为必须考虑的一种途径。

其次，传媒种类发生了很大变化。这方面表现最突出的是报纸。采用已有的刊号，发行综合类、生活时尚类、经济类日报或周报，是全国报纸行业的一个突出现象。结果，报纸的数量和种类虽然没有增加，相互竞争的报纸却越来越多。中国的主要报业市场，现在已经都转化为“买方市场”了。以北京地区综合类日报为例，《北京青年报》“脱胎换骨”已经是二十年前的事了，《北京娱乐信报》《法制晚报》等都是由行业性报纸“转业”过来的。目前，不算全国性报纸，北京报业市场就有《北京晚报》《北京青年报》《北京晨报》《京华时报》《北京娱乐信报》《新京报》《法制晚报》等相互拼杀，20 世纪 90 年代《北京晚报》一家独大、欲登广告者排队等候的场面现在再也看不到了。《北京晚报》《北京青年报》和《北京晨报》等都祭起品牌这个“法宝”，也就不足为怪了。①

市场饱和与同质化是竞争加剧最突出的两个表征，也是近两年来传媒产业备受关注的两个方面。如何解决这两个问题？笔者和许多人士看

① 《北京晚报》在世纪之交前后就开展了一系列的品牌新生活动，如推广“晚报，不晚报”的新理念，策划“北京房典”活动，加强与广告客户等品牌关系利益人的沟通交流等。《北京青年报》则把 2004 年定为自己的“品牌服务年”，并于 4 月 8 日举行了“《北京青年报》品牌服务年活动暨‘报网互动’启动仪式”。相关负责人表示，“报网互动”只是品牌服务年活动的一项，《北京青年报》还将陆续推出近 10 项服务活动，以回报广大读者、企业对北京青年报的支持。《新闻晨报》在 2002 年底就成立了公关咨询部，其首要任务就是推广报纸的品牌形象，提升报纸的品牌美誉度。该报在 2003 年发展战略中提到：在报纸经营方面，发行、广告、品牌推广三者并举，“打品牌促发展”的力度要大于往年。《新京报》《北京娱乐信报》的品牌经营力度也不弱，如《新京报》的品牌推广活动、《北京娱乐信报》在非典期间策划的“千纸鹤送真情活动”等。资料来源：本人在北京做的调查访谈。

法一样，都开出了品牌经营的药方。

市场现在是否已经“饱和”？尽管在这个问题上尚未形成一致的看法，但市场在趋于饱和、竞争将更加激烈已经成为一个不争的事实。中国科学院系统研究所、国家统计局农村调查总队、央视市场调查股份有限公司等共同完成的“2002 年全国电视观众抽样调查”数据显示，从 1997 到 2002 的五年时间里，全国电视观众的数量仅增加了 1.9%，全国性频道（以收视份额超过 1% 记）仅从 11 个增加到 12 个。[①] 这样，在同一个市场中，一个媒体市场的扩大往往意味着竞争媒体市场的缩小，无论从市场份额还是从绝对数字来看都是如此。所以，对中国媒体来说，仅仅依靠粗放式经营、靠“做大”来发展的思路正越来越不适用，“先做强、后做大”[②]，强化品牌经营将是传媒组织的必然选择。按照中央电视台的思路，“品牌战和淘汰战”已经打响了。[③]

同质化现象是传媒产业备受关注的另一个问题。可以说，随着传媒产业的发展和竞争的不断加剧，一定程度的“同质化”是一种必然现象。如何解决“同质化”问题？“价格战”有一定的效用，但不是上策，尤其在事业成分极大的中国传媒产业，想利用价格战吃掉对方几乎是不可能的，结果很可能是“交战”各方都蒙受损失，继而传媒产品和服务质量下降，形成恶性循环，不利于传媒产业发展。“内容为王”，开发独特性的传媒内容，这在理论上是可行的，但基于通信技术、传媒产业的发展和信息来源的有限性，“独家新闻”、独特性内容的可开发空间正变得越来越小，而且，由于基本新闻事实、节目形式等是不受版权保护的，独特性的内容很容易被对手模仿，失去其“独特性”，有时

---

① 《2002 年全国电视观众抽样调查》，资料来源：www. CCTV. com，2003 年 10 月10 日。

② 喻国明：《解析传媒变局：来自中国传媒业第一现场的报告》，南方日报出版社 2003 年版，第 38 – 42 页。

③ 《面向观众，面向市场——CCTV – 1 改版打响央视新一轮改革的发令枪》，《中国广告》2004 年第 10 期，《传媒专刊》。

候还可能导致巨大的开发成本无法收回。对已有的独家或非独家信息进行梳理、加工，形成富有个性的、受知识产权保护的产品，继而进行相关的品牌经营，是解决同质化问题的一个行之有效的办法——内容可能“同质”，形式可以模仿，但每一个品牌都是独特的。各种不同的品牌产品和品牌组织的发展，才能真正推动传媒产业的不断前进。

二、传媒产业化的发展

不同产业是根据社会生产和经济活动的方式不同来划分的，按照中国的划分，包括传媒产业的文化产业属于第三产业。2004 年 3 月 29 日，中宣部、新闻出版总署（2013 年组建入国家新闻出版广电总局）、统计局等承担的文化产业统计课题组发表第一阶段成果《文化及相关产业分类》，首次界定了文化及其相关产业分类：①核心层：包括新闻服务、出版发行和版权服务、广播电视电影服务和文化艺术服务；②外围层：包括网络文化服务、文化休闲娱乐服务和其他娱乐服务；③相关文化产业层：包括文化用品设备和相关文化产品的服务及文化用品设备和相关文化产品的销售。[①] 可见，传媒就是一种产业，怎么又谈到传媒产业化呢？依笔者看，这是一个历史性概念，是对中国传媒从计划经济向市场经济转轨过程的一种描述。历史上，传媒在中国主要是一种事业。根据 2004 修订的《事业单位登记管理暂行条例》，事业单位是指国家为了社会公益目的，由国家机关举办或者其他组织利用国有资产举办的，从事教育、科技、文化、卫生等活动的社会服务组织。[②] 应该说，传媒的事业属性和产业属性是不冲突的。但是，由于多种原因，长期以来我们过于重视传媒的事业性质，忽视其产业属性，形成了传媒组织事业成分过大的局面。以广播电视业为例，根据国家广电总局的调查，21

① 国家统计局：《国家统计局关于印发〈文化及相关产业分类〉的通知》，http://www.stats.gov.cn，2004 年 5 月 18 日。

② 朱学东、高江川：《转制　主体之美》，《传媒》2004 年第8 期。

世纪初，在广播影视规模资产结构中，事业资产所占比重高达73%，企业资产的比重只有27%。中央电视台副台长王庚年认为，这种“非经营性的事业资产比重较大，可经营性的企业资产比重较小”的局面，“如不尽快改变，势必影响中国文化产业尤其是国有文化产业的快速发展”。① 所以，笔者认为，中国传媒产业化的过程，就是不断正视传媒的产业属性和产业规律、发展传媒的产业运作的过程，正如有学者总结的那样，这一过程是“意识形态的传媒”向“产业经营的传媒”过渡的过程，“其特征一是利益指向，二是淡化行政级别和事业性质，追求相对独立的经营地位”。②

产业化，已经成为中国传媒当下的一个重要特征。这个过程虽然不可能一蹴而就，更不可能把所有传媒组织都“产业化”，但它对中国传媒的影响是多方面的，各种传媒集团的出现、多种所有制传媒组织的发展、各种形式的转制行为等，都是以发展传媒产业、尊重传媒产业发展规律等“产业化”逻辑为主要根据的。尽管当下形形色色的产业化现象良莠不齐，不免鱼龙混杂，但产业规律在不断受到尊重、产业成分在不断扩大是一个事实。而不断产业化的过程，必然促使传媒品牌经营的不断加强。因为，传媒产业属于服务型产业和知识产业，品牌经营对它有着特别重要的意义（可参见本书第三章）。这种品牌经营的加强，对事业性传媒组织来说，主要表现为尊重和利用品牌规律，合理配置和协调各种资源与关系，扩大传媒的品牌影响力，以有利于更好地服务于公众和社会。对经营性传媒组织来说，品牌建设则主要表现为利用品牌经营的规律，协调企业内部以及企业与市场等方面的关系，以实现组织经济效益和社会效益的“双丰收”。

---

① 王庚年：《关于中国文化产业发展的战略思考与策略安排》，《电视研究》，2004年第10期。

② 黄升民、丁俊杰主编：《传媒经营与产业化研究》，北京广播学院出版社1997年版，第24－25页。

三、传媒市场体系的不断成熟

品牌经营是在市场经济环境中发展和成熟起来的，虽然它不仅仅限于市场经营范围，但良好的市场环境是它发展的重要条件。时至今日，中国传媒产业还没有形成真正有利于品牌经营发展的市场体系。不过，随着中国传媒产业市场不断走向成熟，这种状况正在不断地发生改变。

（一）相关方针政策不断出台

十几年来，指导传媒产业市场发展的方针政策相继出台：2001 年 8 月，中共中央办公厅、国务院办公厅联合发出《关于深化新闻出版广播影视业改革的若干意见》，文件指出，要“从适应计划经济体制向适应社会主义市场经济体制转变”，“要探索建立传播健康精神文化产品，促进资源优化配置，竞争、有序的市场环境”，文件同时还提出了关于多媒体兼营、跨地区经营和市场整合的基本思路。[①] 2003 年 7 月，中共中央办公厅、国务院办公厅转发了《中共中央宣传部、文化部、国家广电总局、新闻出版总署关于文化体制改革试点工作的意见》（中办 21 号文件），其最主要的内容是将传媒产业分公益性事业和经营性产业两类，并指出经营部分转制为企业，以创新体制、转换机制、面向市场和增强活力为重点。此后，国家广播电影电视总局、新闻出版总署分别依据此文件的精神提出了相应的改革措施，这“标志着中国传媒产业的改革步入了新的阶段。”[②] 新闻出版总署先后批准了《中国证券报》《中国保险报》《电脑报》等三家专业类报纸的改制方案，它们将“整体转制”为公司化运作，而大众、新华、河南、深圳 4 家报业集团“剥离转制”。2012 年 2 月，新闻出版总署发布了《关于加快出版传媒集团改革发展的指导意见》，提出要实现出版传媒集团跨媒体、跨地

① 参见郎劲松：《中国新闻政策体系研究》，新华出版社 2003 年版，第 264 – 273 页。

② 胡正荣：《传媒的现实与超越——胡正荣自选集》，北京广播学院出版社 2004 年版，第 208 页。

区、跨行业、跨所有制、跨国界发展，基本形成核心竞争力强、主业挺拔、品牌突出、管理科学的出版传媒集团集群。2014 年 10 月，国家新闻出版广电总局出台《深化新闻出版体制改革实施方案》，明确提出鼓励和支持版权、股权、商标、品牌等交易，就完善新闻出版管理体制，增强新闻出版单位发展活力，建立健全多层次出版产品和要素市场，推进出版公共服务体系标准化、均等化，提高新闻出版开放水平等五个重点方面的改革的任务提出政策措施。①

（二）市场主体走向多元化

其一，传媒市场中的民营企业、合资企业、外资企业不断增多，它们与国有传媒公司共同形成了多元竞争的局面。尤其是2003 年和2004 年《外商投资图书、报纸、期刊分销企业管理办法》和《电影企业经营资格准入暂行规定》《中外合资、合作广播电视节目制作经营企业管理规定》颁布以后，各种形式的合作迅速发展，如中外合资的中影华纳横店影视有限公司、华索影视节目制作公司、上海东方尼克电视制作有限公司，国有和民营合作的浙江影视集团、重庆电脑报经营有限公司，等等。当然，现在的民营、合资企业还很弱小，外资传媒受到各种政策的限制，国有传媒组织仍然是市场中的“主力军”，但市场主体的多元化必然有利于市场的良性发展。从品牌经营角度看，外资品牌、民营品牌将会对国有品牌形成很大冲击，这对国有品牌来说，是一种挑战，对整个传媒产业市场来说，只要合理引导，未必不是一件好事。其二，国有媒体“转制”力度越来越大。有关人士把2004 年称为新闻出版业的“转制元年”，根据新闻出版总署副署长柳斌杰的说法，新闻出版单位的转制有两个层次：第一是指一部分经营性事业单位转变为企业；第二是一些已经转为企业的新闻出版单位，将由单一的国有企业转变为股份制企业。除了《中国证券报》等三家报社“整体转制”外，该年4 月，中国出版集团不

① http：//www. gov. cn/xinwen/2014 - 10/11/content_ 2763129. htm。

动声色地更名为中国出版集团公司，成为中国第一家企业身份的出版单位。12月下旬，《北京青年报》下属的北青传媒股份有限公司在香港联交所挂牌上市，成为内地传媒海外首发上市“第一股”。[①]

（三）跨媒体、跨地区、跨行业经营的发展

“三跨”是实现“大市场”和“大产业”、促进传媒资源在全社会优化配置、改变中国传媒产业过分依赖广告收入的局面、“做大做强”传媒产业的必然途径，是与传媒产业的全球化发展趋势相一致的。“三跨”发展的时间虽然不长，效果也喜忧参半，但毕竟已经迈出了第一步。南方报业传媒集团、SMG（上海广播电视台、上海文化广播影视集团有限公司）等给我们积累了成功的经验，《新京报》《第一财经日报》等都是颇为成功的个案。

中国传媒产业市场的不断成熟，还表现在对外开放、与世界传媒市场的接轨上。尤其是加入世界贸易组织以后，中国这几年在报刊发行、电影电视制作、电视台有限落地等方面不断开放，传媒产业与国际市场有限接轨已经成为一个日益重要的事实。

四、提升传媒集团竞争力的需要

1994年6月，新闻出版署邀请了中央和省级10家报社的负责人在杭州召开会议，探讨怎样在中国组建报业集团，会议拟定了成立报业集团必须具备的条件：

——传媒实力：除有一张有影响的主报以外，至少应有四个子报子刊，能够组成系列报刊。

——经济实力：根据不同地区经济发展的差异，沿海地区报社年利税在5000万元以上，中西部地区年利税在3000万以上。

---

① 曲志红：《打破坚冰——我国新闻出版领域体制改革成效卓著》，《光明日报》2004年12月31日第4版。

——人才实力：报社采编人员中，具有高级新闻职称（包括副高职称）者要占20%以上；经营管理和技术人员中，有各种专业中级职称以上者要占总数的15%以上，并要有高级职称者。

——技术实力：拥有独立的印刷厂，现代化的照排、胶印设备，具备彩色胶印能力。除保证本报社所属报刊正常印刷装订外，能承接一定数量的代印业务，每日总印刷能力在对开200万份以上。

——发行实力：主报和子报子刊（总）发行量在60万份以上，或在本地区每150人以下拥有一份报纸；有畅通的发行渠道，有逐步建立自办发行网的可能。①

从以上要求中可以看出，当时对组建报业集团的要求主要是“量”的方面，而不是“质”的方面。“传媒实力”的硬性要求是“至少四个子报子刊”，经济实力中的“利税”也不是一个反映“质”的指标，技术实力、发行实力的要求也是如此。即使不考虑以职称论人才是否合理的争议，人才实力这个条件也只能算作“质”“量”并重。尽管这可能是当时事业体制环境下比较容易操作的一种标准，但我们仍然注意到，像人均利税这样的可量化质量指标并未列入。可以说，从一开始，中国传媒集团化采用的就是“做大做强”的思维模式，即从规模效应的基本原理出发，希望通过延伸产业链来降低市场交易成本，通过扩大经营的规模、增加经营的种类来分散风险，也就是“不要把鸡蛋放在一个篮子里”。后来的广播影视集团和出版集团等传媒集团的组建，基本上也是依照这个思路。

中国传媒集团还有一个重要的促成因素——行政力量，大部分传媒集团都是行政力量“做媒”的产物。基于人事关系、经济利益、历史传统等众所周知的复杂原因，不少传媒组织在合并时积极性并不高。例如，上海文汇新民报业集团在组建过程中就“曾有一些同志表示坚决

---

① 唐绪军：《报业经济与报业经营》，新华出版社1999年版，第413－414页。

不同意，甚至有人说是强强‘强’合。但经过市委领导的动员、启发和一段时间的学习酝酿，大多数同志都赞同‘强强联合’”。[①] 必须指出，一些人的思想工作是比较容易做的，合并中和合并后的其他问题则没有这么简单，要使传媒集团由量的合并转化为质的融合，形成核心竞争力，达到“由规模数量型向优质高效型转变，由粗放型向集约型转变”[②] 的初衷，还需要做多方面的工作。

中国传媒产业的这种集团化做法行不行？当然无可厚非！要实现中国传媒产业的快速增长乃至跨越式发展，“做大——做强”是一个很重要的途径。然而，“做大不等于做强”，这样组建起来的传媒集团必须迅速进行内部整合，优化内部组织结构，以充分发挥集团在资源配置等方面的“规模效应”，迅速提升集团的竞争力。否则，多个传媒组织合在一起，只会增加内部交易成本，反而变成“规模不经济”了。据统计，世界上的许多合并和收购（M&A）行为都不成功，70%的并购没有产生预期的商业收益，从1996年到1998年底，只有17%的跨国并购使股东收益增加，其中，70%失败的并购都发生在并购后的整合阶段。[③] 中国传媒集团要避免重走其他集团走过的失败道路，内部整合是当务之急。

品牌整合是传媒集团内部整合的一个重要组成部分。中国的传媒集团已经有几十家，在传媒产业比较发达的地区，传媒集团已经占据了传媒产业的绝对统治地位，试问：真正能发挥品牌合力、形成强大品牌效应的有几家？屈指可数！在绝大多数传媒集团内部，各品牌还处于“各自为战”的状态，“内耗”现象也时有发生。所以，中国传媒集团在品牌整合方面有很大的发展潜力。整合品牌，增加组织的竞争力，对许多集团来说，是可能做到的，同时也是应该做的、必须做的。

---

① 高东、恽甫铭：《强强联合：走报业创新之路》，《新闻战线》2000年第12期。

② 新闻出版署：《关于同意建立广州日报报业集团的批复》，1996年1月15日。

③ 参见［英］菲欧娜·吉尔摩：《钢索上的品牌战士》，刘军等译，中信出版社2002年版，第10－11页。

总之，中国传媒产业的品牌经营，有众多的外部和内部动因。这些动因，既是动力，也是压力。一方面，它给传媒组织的品牌经营提供了物质基础、市场需求和发展空间，从这个意义上说，它们是动力；另一方面，它们也对品牌经营提出了更高的要求，造成了更为激烈的品牌竞争局面，它们又是压力。在这些动力和压力之下，品牌经营是任何一个想有所作为的传媒组织无法回避的选择。它不是包治百病的良药，更不是有利无害的手段，它是一把双刃的利剑——恰当的品牌经营会促进企业和事业蓬勃发展，不当的品牌经营则会带来损失甚至无法挽回的失败。所以，品牌经营是“勇敢者的游戏”，只有具备战略眼光和高超的经营艺术，才能够使它成为自己事业发展的有力武器。

第三节　中国传媒品牌建设的制约因素分析

基于传媒产业多重动力和压力因素的共同作用，品牌建设在中国传媒产业掀起了一个不小的热潮。然而正如前文所讲到的，这个热潮的优点和不足都十分明显。尤其是最近几年，品牌建设好像遇到了“玻璃天花板”，在初具了品牌名称和标示、品牌定位、品牌推广等“基本功”之后，在品牌个性的打造、品牌系统的整合、品牌扩张等方面一直进展不大，整体上呈现出一种“短效化”“零细化”甚至表面化的现象。所以，有人断言：“中国媒体的品牌化已经遇到了难以逾越的瓶颈。”①

是哪些因素制约了中国传媒产业品牌的发展？显然不能从产业特殊性上找原因，在传媒产业发达的国家，许多传媒组织都在致力于品牌建设，而且成效斐然。是传媒产业的物质基础的制约？不是，无论从硬件

① 张惠辛：《中国媒体经营批判》，《中国广告》2004 年第 4 期。

设施、传媒产品数量和市场空间来看，中国传媒产业都处于世界中等偏上的水平。造成这种现象的原因何在?《中国广告》杂志主编张惠辛教授认为，现行体制是主要原因：第一，中国媒体的主体价值认定仍然是自上而下的。这种认定方向与品牌的生存准则是相违背的。……媒体资源的垄断地位及其分配方式没有变化，媒体还是政府的独特资源，资源的管理与运作还是自上而下的“恩赐”。……集团化的趋势不是来自市场的要求，而恰恰也是“自上而下”的产物。第二，中国媒体的中央—地方两级管理体制，造成地方媒体的“地域化生存模式”，即它的组织体制、运作体制与内容趋向与资源，已经基本地方化了。……而品牌有两个重要的本质属性，一个是扩张性，另一个就是个性化。当扩张性受到阻碍时，其个性化也就不可能实现。这样，媒体的品牌化只能是一个令人陶醉的神话。① 黄升民教授则指出传媒市场发展的不足，认为中国传媒品牌“品牌资产”属性的缺失必将制约品牌经营的发展。②

笔者认为，中国传媒产业品牌经营的制约因素不是单方面的，可以从宏观产业和微观组织两个层面来进行分析。宏观层面包括体制、市场等因素，微观方面则主要指传媒组织内部的制约因素。

一、宏观产业层面的制约因素

从宏观产业层面看，中国传媒产业正处在不断改革、不断发展的过程中，这种改革与发展为品牌经营带来了强大的发展动力，同时，也要看到，中国传媒产业还不够强大，产业结构还不完整，许多新的实践探索和理论探索尚需接受实践的进一步考验，其成功经验的推广和失败教训的汲取都需要一个扩散的过程，新的法规政策还没有能够得到真正的、完整的落实，尚处于调整、磨合和转轨时期，这些因素都可能制约

① 张惠辛：《中国媒体经营批判》，《中国广告》2004 年第 4 期。

② 黄升民：《视点的模糊与清晰》，传媒资讯网（http：//chinese. mediachina. net），2002 年 12 月 9 日。

传媒产业品牌经营的发展。

（一）体制方面

中国传媒产业的现行体制，是以国有事业性媒体为主体的。在世界上绝大多数采用国有媒体形式的国家，国有媒体的主要经济来源是国家拨款、接受赞助或收取收视收听许可费。中国的国有媒体则不同，它是以广告等经营性收入为主要经济来源的。国有媒体的事业性质要求它以党、国家和人民的利益为自己的根本利益，要求它以服务大众为根本目标，而以广告等经营收入为经济来源的运作方式又迫使它不得不注重广告商的利益，谋求自身的生存与发展。从理论上说，国有媒体服务于党和国家、服务于大众并非“纯粹地付出”，它享受着体制政策方面的巨大优惠，如市场垄断地位、资源和税收政策优惠等，这些优越条件是国有媒体必须服务于公共利益和国家利益的原因，也是它能够在服务于公共利益和国家利益的同时获得广告费等经济收入的条件。但是，这种收入方式毕竟不像国家拨款和收听收视费那样稳定，国有媒体很可能陷入公共利益与商业利益的矛盾冲突中，造成其品牌形象、品牌定位、品牌理念的分裂、冲突和摇摆不定：在市场竞争不太激烈的“卖方市场”环境中，它往往能把社会利益放在首位，突出自己的事业、公器形象；在竞争比较激烈的“买方市场”条件下，情况就比较复杂了——资金状况比较好的强势媒体可能注重其公器形象和长久品牌利益，资金状况差的媒体就很可能更注重自己的商业利益，注重创建并推广自己的“商业效能”。目前，不少国有传媒组织不再讳言广告经营乃至广告主的利益对媒体节目内容、整体编排乃至办报办台理念的影响，一再向广告商强调自己“强有力消费人群”的受众定位以及对这一人群的“传播效果”，甚至通过信息内容的选择与制作、发行量的限制等来“净化”受众成分，就是一个典型例证。所以，对中国传媒产业尤其是作为主体的国有事业性传媒组织来说，由现行体制所带来的公共利益和商业利益的矛盾或潜在矛盾，是制约其品牌经营的一个重要方面。

（二）市场方面

无论是国有、民营还是合资传媒组织，市场经营和市场效应都是其品牌经营中至关重要的一环，市场体系的不成熟必将制约品牌经营的发展。必须承认，尽管近几年中央对培育竞争、有序的传媒市场三令五申，相关法规文件相继出台，中国传媒产业的市场发育还很不成熟。中央电视台前副台长王庚年认为，传媒产业现状仍然是“部门分割、行业垄断和地区封锁现象严重，难以形成统一开放、竞争有序的市场体系”。①《中国青年报》《南方都市报》跨地区经营受阻，形象地说明了这一点。②

移动互联技术的发展与应用进一步放大了这一问题。当下，传统媒体向网络媒体和手机媒体转型已经成为不可阻挡的潮流，中央领导同志也多次强调网络和新兴媒体的重要性。习近平同志指出：“互联网已经成为我们党长期执政所要面对的‘最大变量’。如果我们过不了互联网这一关，就过不了长期执政这一关。”③ 然而，媒体转型并不是简单开发个网页或搞几个“三微一端”就能够完成的工作。首先，互联网媒体投资相对较大，而目前中国官方媒体的转型工程，如开发客户端等，主要还是依靠自筹资金或行政拨款。和动辄可以吸纳数亿计风险投资的其他信息产业相比，资金短板显而易见。其次，中国媒体尤其是主流媒

---

① 王庚年：《关于中国文化产业发展的战略思考与策略安排》，《电视研究》2004 年第 10 期。

② 《中国青年报》曾计划兼并一些省级青年报，做大自己的品牌，但几次尝试都被兼并对象的上级主管部门否定了。SMG（上海广播电视台、上海文化广播影视集团有限公司）为了实现跨地域发展，2002 年底选中宁夏卫视“借壳上星”，计划利用宁夏卫视白天承载上视财经频道，晚上承载上视体育频道，尽管上海文广和宁夏卫视的主要负责人都表达了十分强烈的合作意向，但由于宁夏广电局坚决反对，合作终告流产。近两年，随着《新京报》《现代快报》等媒体划归地方管理，跨地区、跨行业办媒体似乎划上了一个句号。不过，在无边界的网络媒体尤其是移动网络媒体快速发展的情况下，区域和行业边界已经不再是重要的考量因素，市场和行政才是需要优化配置的两个主要力量。

③ 论习近平的网络空间治理新理念新思想新战略，http：//theory. people. com. cn/n1/2016/0927/c49150 – 28744590. html。

体的人力资源结构和管理体系没有做出相应的变化，导致它们的新媒体转型"貌合而神离"，缺乏现代化网络媒体所必修的透明化、扁平性、弹性化等特征，也没有建构出相应的文化特征。也许这些问题未必全部通过市场途径解决，但是，如果找不到好的解决途径，中国主流媒体就很难在与市场化的外国强势媒体甚至国内民营媒体的竞争中取胜。

（三）内容产品方面

原创性的、受到知识产权保护的内容产品是传媒产业的核心。美国最新的"北美产业分类标准 NAICS"和欧盟"INFO2000 计划"，都把电视、印刷出版（含软件）、电子出版、电影、录音、广播以及传播、信息服务等统称为"内容产业"，足见内容产品在传媒产业中的地位。[①]传媒产业的品牌经营是建立在内容产品的基础上的。维亚康姆公司董事长萨莫·雷石东曾经把维亚康姆成功的经验概括为创建国际传媒企业的三部曲（ABC），即 A – Acquire，购买与开发最好的内容；B – Brand，对内容进行品牌建设；C – Copyright，为自己创建品牌的内容进行严格的版权保护，内容产品是贯穿三者的核心。[②] 好的内容产品是品牌建设和品牌经营的基础，品牌经营则是内容产品经营的提升，是内容产品增值的有力工具。

内容产品，尤其是高质量的、富有竞争力的内容产品缺乏是中国传媒产业的软肋，它导致了中国传媒产业品牌呈现出明显的"空心化"现象。电视媒体是一个典型的体现。近几年，随着中国频道专业化的发展和受众需求的提高，品牌成为各级广播电视组织经营的一个重点，中央电视台，省级卫视方面的湖南卫视、东方卫视、浙江卫视、江苏卫视、安徽卫视，省、市级其他频道方面的上海电视台星尚频道、湖南广播电视台金鹰卡通频道等，都是这方面的典型代表。这些电视台（电

① 陆晔、夏宁：《WTO 背景下中国广播电视业的市场重组：特征与矛盾——以省级广电集团为例》，《现代传播》2002 年第 2 期

② ［美］萨莫·雷石东：《创建国际传媒企业的三部曲》，《中国广告》2002 年第11 期。

视频道）品牌定位明确，品牌个性鲜明，也比较注重品牌形象的打造和品牌推广，有些还迅速获得了很大的知名度和美誉度。然而从节目内容角度来看，除中央电视台等少数几个以外，绝大多数是采用“新瓶装旧酒”或买进外国品牌的方法，很难对频道（台）品牌形成有效支撑，后继乏力也就在情理之中了。

起步阶段，品牌建设依靠品牌定位或重新定位、品牌形象设计、品牌推广等策略往往会“立竿见影”，但从长久发展来看，它必须以富有竞争力的内容产品为核心，配以高效的经营管理，只有这样，才能真正使中国传媒品牌走上健康发展的道路。

过分依赖外国内容来充实频道尤其令人担忧，且不说播出这些没有版权的内容很难打造出强势节目品牌，等于给外国品牌做了义务宣传，而且，一旦这种内容购买不能达成，整个频道品牌和相关节目品牌都将成为无源之水，无本之木，造成难以挽回的损失。①

另外，专业性品牌评估机构和相关评估体系的缺失也是一个重要制约因素。中国目前还没有职业性的、具有全国影响力和公信力的品牌评估机构，更不要说专业性的传媒品牌评估机构了。由于专业性评估机构的缺失，品牌经营的效果评估往往止于感性的层面，很难在社会上和传媒组织内部得到一致地认可。中央电视台的霍镇恒在谈到这一点时颇有感触：“关键问题是我们缺乏具有说服力的数据。很难找到数据说明包装、品牌跟收视率、跟广告收入有必然联系。只有定性的分析，不能使

① 国家广电总局《境外电视节目引进、播出管理规定》指出：“经批准引进的其他境外电视节目，应当重新包装、编辑，不得直接作为栏目在固定时段播出。”笔者注意到，这个规定对如何处理节目没有可操作性规定，只要不“整个栏目播出”即可。所以，即使严格按照这个规定操作，也只是屏蔽了引进节目播出中的境外频道品牌宣传的问题，节目品牌的宣传是难以屏蔽的。而且，据笔者观察，不少频道在播出外国节目时没有严格遵守这个规定，有些节目如某些体育转播，把境外频道的台标都显示出来了。

人信服，下不了结论，台里也没有统一的规划。”[①] 其实，霍镇恒所说的这种现象不仅出现在传媒组织内部人员的沟通上，在传媒组织与其他品牌关系利益人（如广告主、广告公司、政府、其他媒体等）的沟通方面，也存在同样的问题。

二、微观组织层面的制约因素

（一）品牌意识不足

注重硬件设施的发展是中国传媒产业长期以来的惯性思维。历史上，中国传媒组织的硬件设施曾长期处于“刀耕火种”的落后状态，虽然我们对在那种条件下为人民生产出高品质精神食粮的先辈深深敬仰，但心中一直深藏着赶超世界一流媒体硬件设施的“光荣与梦想”。20 世纪 80 年代以来，这个梦想逐渐实现了。现在，在全国各大型城市，报社、电台电视台的大厦都是一道靓丽的景观，印刷设备、录音录像设备等硬件设施也不落人后，连许多外国朋友对此也不禁叹为观止。然而，在世界传媒产业纷纷强调创新力、品牌力、市场力等“软力量”的今天，我们好像又一次落伍了。

早在 20 世纪 90 年代末期，香港无线台和亚视本港台等在珠江三角洲的落地已经“是大家默认的事实。……每年广东方面通过在这两家电视节目中插播广告就能获得 5 到 10 亿收入。”对此，有关负责人不无得意地表示：“既然晾衣竿伸到我家阳台上来了，我晾晾衣服又何妨?”[②] 然而，这不是“免费的午餐”，人家收获了品牌影响力。2001 年以后，境外电视频道不断在珠三角落地，这种品牌努力开始进入“收获期”了。即使在品牌效应和品牌收益都相当突出的中央电视台，品牌意识的不足也曾经是一个难题，对此，中央电视台的霍镇恒曾经用

---

① 贾冬婷：《央视改版　中国电视媒体等待品牌》，传媒资讯网（http：//chinese. mediachina. net），2003 年 11 月 11 日。

② 《2001 中国电视红皮书》，漓江出版社 2002 年版，第 6 页。

“非常痛苦”四个字来形容，“台里对这一问题（品牌和品牌经营，笔者注）的认识不一样。一切都在论证中，没有结论。……我们也非常迷茫。我们知道大势所趋，试图突破，却不知道从何入手。”①

从2002年前后到2009年前后，虽然经历了七八年的品牌热，但真正的品牌意识并未建立起来，只要看看在媒介融合和新媒体化背景下品牌话题迅速冷却，看看多少媒体的品牌定位和品牌口号像任人打扮的小姑娘，换一任主要领导就来一次“改头换面”，看看经历十几年的品牌化发展之后，我们还有多少电视娱乐节目模仿或者从境外引进，也许就能有一个大致的判断。

（二）传媒组织管理模式和管理方法的制约

长期以来，中国传媒组织形成了适合事业性运作的直线式管理模式和科层化管理结构，横向分工，纵向分权，上层管理机构的意见一层一层地向下传递，并得到贯彻执行。品牌建设的核心是建立富有个性的、具有强大的知名度、美誉度、忠诚度的品牌，从理想状态来说，它要求传媒组织模块化、扁平化，每一个品牌都能充分施展自己的个性，能够扩张自己的品牌空间。传媒品牌的管理不是对具体内容的管理，而是对下属子品牌的管理，组织要保持很大的弹性空间以适应每个品牌的发展可能性。这是一种动态的灵活的管理，而不是一种静态的、科层化的管理。很显然，基于传媒产业的特殊性和中国传媒组织管理机构的现状，这种理想化的状态是不可能达到的，但是，也要看到，无论是基于传媒品牌管理的需要，还是基于媒体网络化和互动化发展的需要，具体传媒组织都需要结合实际情况，在管理模式和管理方法上不断创新，再造管理框架，优化管理流程，以适应快速发展变化、充满弹性和不确定性的现代传媒发展趋势。

---

① 贾冬婷：《央视改版　中国电视媒体等待品牌》，传媒资讯网（http：//chinese.mediachina.net），2003年11月11日。

（三）品牌管理责权不明

在谈到这个问题时，中央电视台的汪文斌曾颇有感慨地说："各个电视台基本上都没有品牌营销部门和品牌营销队伍"①。直到目前，绝大多数传媒组织也没有专门的品牌管理机构。不少传媒组织的品牌经营常常表现为领导授意下不同部门、主要是广告部门的经营管理行为，经营管理的责任和权利都不明晰，经营行为的一致性、完整性和长期性缺乏行之有效的体制机制保证。这并不是说每一个传媒组织都要成立一个相关专职部门，而是说要明确品牌的相应管理部门及其权力、责任和短期、长期目标，并指派最高管理层人员对此专门负责。中央电视台把负责品牌建设和营销推广的所有相关功能都附带在总编室的责权范围内，如果在权、责、目标等方面能够做到位，不失为一种较好的选择。为了扩大海外影响，央视网还成立了专门的海外社交媒体运营团队，运营"CCTV"和"熊猫频道"两个系列品牌的账号。② 这种因事而异的管理，在品牌结构日益复杂化的环境下具有启发意义。

（四）资金（资本）问题是制约传媒品牌发展的另一个重要因素

品牌建设是一种高投入、高产出的活动，强势品牌能够使品牌产品或服务获得超过同等质量的非品牌产品或服务的高附加值和高市场占有率，从而获得超额利润。但是，强势品牌的打造也需要大量的人力物力投入，需要大量资金的支持，而且资金回收周期比较长。在品牌初建或品牌改造时期，这种需求更为突出。"如果你认为这是冲刺，融资只够一年或者两年，然后就资金不足，那是不健康的。你必须建立品牌与身份。"美国高尔夫频道的首席执行官如是说。③ 1989 年到 1990 年，默多

① 《电视人急需补课—采访研讨会演讲嘉宾汪文斌》，搜狐网（http：//www.sohu.com），2003 年 8 月 20 日。

② 汪文斌：《建设网络丝路　打造国际网络媒体新品牌》，http：//www.chinadaily.com.cn/interface/toutiao/1138561/2015－7－20/cd_ 21310453.html。

③ ［美］J. 塔洛著，《分隔美国：广告与新传媒世界》，洪兵译，华夏出版社 2003 年版，第 89 页。

克为了把空中电视台（Sky TV）打进英国市场，在将近两年的时间里"几乎每一周都要损失200万英镑"，终于如愿以偿。[①] 2003年中央电视台广告收入75.3亿元人民币，直接用于节目宣传的费用就高达29.3亿，占了近四成。[②] 由于中国的传媒组织多为国有事业性或企业性的，资金主要以积累为主，一般不能在社会上融资，像中央电视台这样能拿出大量资金进行品牌推广的只是少数，对大多数传媒组织来说，资金压力本来已经很大，要拿出大量资金用于收效较慢的品牌建设，实在是勉为其难。所以，资金问题是中国传媒产业打造强势品牌的一个瓶颈。

另外，经营管理专业人才的不足和品牌系统的不完整等也是制约中国传媒品牌发展的微观因素，这两点前文有所涉及，此处不再展开论述。

把中国传媒产业品牌建设的制约因素分为宏观产业层面和微观组织层面，是出于分析问题需要的一种逻辑划分，实际上这两个方面是相互影响、相互交织、相互渗透的。同时，这是一种对现状的分析，随着中国传媒产业的不断改革、不断发展，这些因素呈现出一种不断量变乃至质变的动态过程。所以，无论是制定传媒产业宏观政策，还是具体传媒组织要发展品牌，都必须综合考虑这两方面因素的现状、相互关系及发展动态，才能够真正突破这些因素的限制，充分发挥自己的优势，达到理想的目标。例如，国有事业性传媒品牌在定位、理念和形象等方面的分裂、冲突和摇摆不定，既是一个源于宏观体制缺陷的问题，又在不同性质、不同级别、不同规模的传媒组织中有不同的表现形式。解决这个问题的根本出路在于宏观方针政策的规范与调整，但传媒组织也不能坐等"条件成熟"，而是要因地制宜，根据不同情况在法律政策和伦理道德允许的范围内不断尝试，不断创新，以尽量减小这些制约因素对品牌建设的影响，促进自身品牌的健康发展。

---

① 参见陆地：《世界电视产业市场概论》，中国人民大学出版社2003年版，第132－133页。

② 李晓明：《面向市场　整合资源　开创经营工作新局面》，《电视研究》2004年第9期。

第四章

中国传媒品牌建设的要素分析

传媒品牌建设是建立在对传媒组织内部和外部环境分析基础上的一种选择，所以，每一个传媒组织的品牌建设要素构成都是与众不同，先于具体传媒组织而存在的“要素”并不存在。从另一方面看，传媒品牌建设又是一种合规律性的科学活动，长期的品牌实践为我们提供了许多可资借鉴的经验、必须吸取的教训，前人的理论探索为我们留下了富有价值的规律、原则、可供选择的路径和操作规程。正是站在前人的肩膀上，我们才得以避免他们走过的弯路，从一个较高的起点上开始新的征程。同时，中国传媒组织面临着大致相同的传媒环境，组织结构和人力资源状况也有较大的相同性，因此，中国的传媒品牌建设又呈现出一定的规律性特征。本章建立在前几章分析的基础上，依托中国传媒产业的品牌发展现状，讨论关涉传媒组织品牌建设的主要因素。这种探讨虽然不能为具体传媒组织提供完全适用的品牌建设方案，却能够为它们提供思考的方向和选择的对象。当下，中国传媒产业的品牌建设呈现出“冷热不均”的发展态势，具有不成熟、不平衡的特征，在这种情况下，本章的探讨具有更大的现实意义和理论意义。

本章是以单个品牌为思考对象的。单个品牌的外延非常广泛，可以是具体传媒产品中的人物品牌、传媒组织中的记者主持人品牌、传媒产品品牌，也可以是较为抽象的组织品牌，如广播电视频道（频率）品牌、广播电台电视台品牌、报纸品牌乃至各个层次的公司、集团品牌。在内涵方面，单个品牌却具有相同的特点。从静态结构来看，它们都具有品牌名称、品牌标示（包括商标）、品牌理念、品牌个性、品牌文化、品牌关系、品牌资产等属性。从品牌建设角度看，它们都要开展各种品牌活动，以期增强品牌各种属性，构建良好品牌形象，培养与受众的良好关系，提升自身的品牌价值。因此，根据品牌的特点，其要素主要包括品牌定位、品牌推广、品牌延伸、品牌重振和品牌情感等几个方面。

第一节　品牌定位

一、品牌定位及其主要影响因素

大多数人认为，“定位”这个概念产生于1972年，其标志是美国人埃·里斯和杰克·特劳特为专业刊物《广告时代》（Advertising Age）撰写的题为“定位时代”的系列文章。① 按照他们的说法，定位理论是在产品极大丰富、关于产品的传播（如广告等）极大丰富条件下人们的必然选择。作者认为，“我们所在的社会有史以来头一回变成了传播过度（over - communicated）的社会。”② 在这种社会里，“普通人的大脑已经是一块满得滴水的海绵，只有挤掉已有的内容才能吸收新的信

① ［美］埃·里斯、杰克·特劳特：《定位》，王恩冕、于少蔚译，中国财政经济出版社2002年版，第3页。

② ［美］埃·里斯、杰克·特劳特：《定位》，王恩冕、于少蔚译，中国财政经济出版社2002年版，（引言）第1页。

息”。[①]“在这个传播过渡的丛林里，获得大成功的唯一希望是要有选择性，缩小目标，分门别类。简言之，就是‘定位’。”[②] 所谓定位，就是依据产品或组织的特点以及关系利益人（主要是预期客户）的特点，“挑选出最有可能被人接受的材料来”，制作极其简明的传播信息，以便于传播和接受。[③] 定位理论起初是以产品和产品营销为对象的，后来又扩展到一般组织和品牌方面。

显然，相较于20世纪70年代，现在的社会更是一个传播过度的社会，面对信息的海洋，人们感觉到的往往不是“免费的午餐”，而是溺水的危险。即使自己不溺水，也要时刻提防被误导的可能——无论是貌似中立的搜索引擎，还是面目友善的商家网站，都有可能潜藏着因利益因素而有意误导人们的信息。现在，尽管搜索的竞价排名已经成为公开的秘密，但是，在不对称信息条件下，还有多少不为大众所知、有可能误导人们的手段没有被披露？

在这种传播环境下，定位的意义远非半个世纪以前可比。如果商家都能够依据自己产品或服务的特点以及关系利益人的需要来定位自己的产品和服务，制作简明的传播信息，人们将节约多少信息搜索的成本！

品牌定位是定位理论在品牌经营的运用和发展。“品牌定位是品牌认同和价值主张的一部分，该项定位将被积极地传播给目标对象，同时用以显示其相较于其他竞争品牌的优越之处。”根据爱格的观点，品牌定位的明显特征可以从下列四个关键词看出来：“部分”“目标对象”

---

① ［美］埃·里斯、杰克·特劳特：《定位》，王恩冕、于少蔚译，中国财政经济出版社2002年版，第7页。

② ［美］埃·里斯、杰克·特劳特：《定位》，王恩冕、于少蔚译，中国财政经济出版社2002年版，第6页。

③ ［美］埃·里斯、杰克·特劳特：《定位》，王恩冕、于少蔚译，中国财政经济出版社2002年版，第8-9页。

“积极传播”“显示优点”。[1] 也就是说，品牌定位就是根据关系利益人等目标对象的特点，确定品牌信息中最具个性化、最具竞争力的简明信息，通过积极传播建立竞争优势的一种过程。可见，品牌定位是品牌建设的出发点与核心，品牌形象打造、品牌推广、品牌延伸等，都是建立在这个核心基础之上的。凤凰卫视定位于“环球华人卫视”，既代表了“凤凰人”做大做强华人电视媒体的期望，又击中了全球华人电视市场的空隙，其全球性的视角、传播中国文化的追求、“泛中国化”的概念与“拉近全球华人距离”的“融合”理念等，都为这一定位提供了很好的理论阐释和实践支持。

传媒品牌定位主要涉及三个维度：消费者、竞争者和品牌自身，虽然不排除特殊情况下其他因素的突出作用，但整体来看，其重点是根据消费者、竞争者和品牌自身的情况及其互动关系，确定最优化的品牌定位。

品牌目标消费者的消费需求和认知特点是品牌定位考虑的首要因素，在当今传媒竞争日趋激烈的“买方市场”环境中，更是如此。假如一个品牌的定位完全适合消费者在需求和认知等方面的特点，无疑会收到良好的效果。

但是，品牌的竞争者也在考虑消费群体的这些特点，如果所有竞争者都把消费者的特点作为唯一的参照标准，他们的定位必然高度同质化，失去定位的真正意义。所以，定位既要考虑消费者的特点，又要考虑竞争者的特点。

品牌自身的特点是另一个重要因素。任何一个品牌都是一个历史的和现实的存在，有自己的优势和弱点，充分突出自己的优势，规避弱点，是品牌定位的一个重要方面。寻找竞争者不能满足的消费者需求来

---

① ［美］大卫·爱格：《品牌经营法则》，沈云骢、汤宗勋译，内蒙古人民出版社 1999 年版，第 128 页。

确定自己的方向固然是一个基本思路，但如果自己也难以满足这种需求，就不宜选作定位；同样的道理，虽然某些方面已经被竞争者所“定位”，但自己拥有更大的竞争优势，照样可以选为定位。所以，品牌定位不是唯消费者“马首是瞻”，也不是一味追求竞争者所“不见”的定位信息，更不能无视或过于强调自身品牌的优缺点，三个方面的特点，必须综合考虑，做出最优化选择（见图 4－1）。

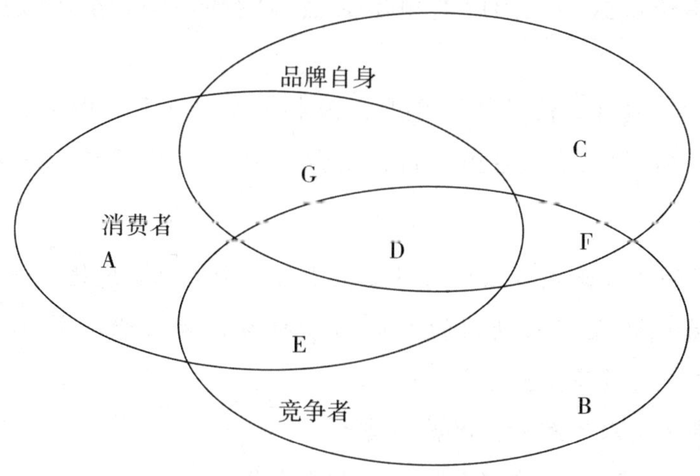

图 4－1　品牌定位影响因素示意简图

上图中，三个椭圆分别代表消费者、竞争者和品牌自身，它们的交叉形成了七个区域，从静态角度来看，一个传媒组织的品牌定位主要是找出 G 区，并对其进行描述和传播。从动态角度看，扩大 G 区的影响力，增加 G 区和 A 区的重合度，挤压 E 区，是品牌定位的主要目的。

二、品牌定位的三种主要模式

由于内外部环境条件的不同，消费者、竞争者和品牌自身这三个方面在每个传媒组织品牌定位中的地位和作用并不一样，所以，要达到品牌定位的目的，传媒组织不可能对这三个方面“一视同仁”，采用同样的思路和行为。依据各自侧重点的不同，品牌定位主要可分为三种模式：“消费者—品牌自身”模式、“竞争者—品牌自身”模式和“消费者—竞争者—品牌自身”模式。①

（一）“消费者—品牌自身”模式

这种模式注重消费者对品牌定位的影响。在品牌理论和定位理论中，消费者都占据着极其重要的地位。把消费者摆在第一位，通过对消费者的需求及其结构、发展动态的分析确定品牌的定位，是一种基本的定位模式。在品牌竞争不太激烈的环境中，这种模式特别有效。

1923 年，美国《时代》周刊创刊，发起人亨利·R·卢斯和布里顿·哈登在发起书中鲜明地提出自己的品牌定位：给“忙人”看的杂志：

尽管美国的每日新闻事业比世界上其他任何国家都要发达——

尽管外国人对我们的期刊的卓越啧啧称奇，如《世界的工作》、《世纪》、《文摘》、《展望》等等——

但是多半美国人了解的情况甚为贫乏。

这并非日报的过失；它们刊载了所有的消息。

这并非每周“回顾”的过失；它们对新闻做出了恰当的发展和评论。

随随便便就将这种情形归咎于人们自己的过失，这是一种武断的说法。

人们之所以不了解情况，是因为没有一种出版物能适应忙人的时间，使他们费时不多，却能周知世事。②

---

① 该部分参考了《品牌学》中的“思考方法”部分。参见余明阳主编：《品牌学》，安徽人民出版社 2002 年版，第 147 – 149 页。

② ［美］迈克尔·埃默里、埃德温·埃默里：《美国新闻史：大众传播传媒解释史》，展江、殷文主译，新华出版社 2001 年版，第 387 页。

《时代》的编辑们向读者保证把每周的新闻加以组织和分类。它的口号是："《时代》好像是由一个人之手写出来给另一个人看的。"[①]《时代》能够迅速成功，这种高屋建瓴式的战略性定位功不可没。

在中国，传媒产业属于准垄断产业，传媒品牌之间的竞争还不太激烈，品牌消费还有很大的、可以开发的市场空间。如在2000年前后，中国传媒界财经类报纸品牌纷纷"崛起"，娱乐、谈话类电视栏目品牌迎来大发展，多是这种补缺式思维的产物。

近几年，随着媒介技术发展和人民生活水平的提高，受众对传媒消费的个性化、专业化需求日益增加，"受众细分"成为传媒产业发展的潮流，与此相对应，传媒产业的细分市场形成了极大的发展空间，因此，"消费者—品牌自身"模式备受青睐。例如，无论是传统媒体，还是企事业单位，他们的"三微一端"（微博、微信、微视频和客户端）基本上都是基于"消费者—品牌自身"的模式来定位的。

需要指出的是，与一般产品品牌或组织品牌不同，传媒品牌的消费者构成相对复杂。就中国主流传媒品牌来说，党和政府、受众、广告商与广告代理公司是消费者的三个重要组成部分，"消费者—品牌自身"模式的品牌定位是传媒组织对这三种力量综合考量的结果。喻国明先生以报纸为例对此做过精彩的分析："在目前的发展阶段上，不让政府满意的报纸就会被淘汰出局，不让读者满意的报纸就会成为无本之木而日趋委顿，而不让广告商感兴趣的报纸则会阻塞至关重要的经济命脉。因此，努力在这三者的需求之间寻找平衡点，便成为今日中国报业的基本行为选择。"[②] 回望在中国引起重大影响的新闻节目，无一不在这三方面找到了合适的平衡点，如《南京零距离》彰显人本关怀、人文关怀

---

① ［美］迈克尔·埃默里、埃德温·埃默里：《美国新闻史：大众传播传媒解释史》，展江、殷文主译，新华出版社2001年版，第388页。

② 喻国明：《解析传媒变局：来自中国传媒业第一现场的报告》，南方日报出版社2002年版，第8页。

和政治关怀相结合的社会关怀理念，[①]《焦点访谈》追求“领导满意、群众喜欢”、追求“帮忙不添乱”的传播效果，[②]《东方时空》的定位讲究“符合电视新闻的需要、符合观众的需要、符合政策的需要”，[③]都是传媒品牌的这种消费者构成的典型表现。

（二）“竞争者—品牌自身”模式

从本质上说，任何品牌定位都是消费者定位，然而在品牌竞争比较激烈、消费者市场已经潜力不大的环境中，“竞争者—品牌自身”模式往往能够另辟蹊径，使传媒组织能够根据竞争者的优势和弱点进行富有针对性的品牌定位。这种定位模式有两种迥然不同的操作思路。第一种是同质化跟进竞争策略。运用这种策略的传媒组织往往有强大的资源优势，如人力资源优势、资本资源优势、体制资源优势等，它们采用与现有品牌相同或极其近似的品牌定位，依靠自己的资源优势抢夺现有强势品牌的市场份额，迅速做大做强。一般来说，现有强势品牌往往占据了市场的较大份额，其定位也是消费者所熟悉的，所以，如果有足够的实力保证，采用跟进竞争策略往往能快速占领市场，获得理想的品牌效益。《京华时报》创刊时就采用了这种策略，把竞争目标锁定《北京晨报》。一年后，它在自己的网页上宣称：“刚刚1岁的《京华时报》，已巍然跃居京城报业市场综合性日报发行量第一，市场零售量第一，自费订阅量第一；广告经营额创下3亿元的骄人战绩，昂首跻身于全国报刊广告的16强……”[④] 虽然这些数据可以质疑，但《京华时报》快速入局，在较短时间内站稳了脚跟，却是一个不争的事实。不过，这种定位

① 朱寿桐：《电视新闻的社会关怀——略说〈南京零距离〉的理论意义》，《现代传播》2003年第2期。

② 孙亚菲：《〈焦点访谈〉之剑是这样磨成的》，人民网（http：//www. people. com. cn）2005年3月20日。

③ 覃里雯：《〈东方时空〉孙玉胜接受专访》，传媒资讯网（http：//chinese. mediachina. net）2003年10月14日。

④ 资料来源：《京华时报》网站（http：//www. bjt. net. cn）2003年12月21日。

策略必须慎用。因为，与现有强势品牌正面交锋，本身就蕴含着极大的风险，新品牌即使成功，也常常会付出极大的代价，稍不留心则可能会半途而废。如果多家竞争者都采用这种策略，还有可能形成恶性品牌竞争，失去品牌经营的初衷——品牌经营的基本特点就是依靠品牌个性等品牌差异形成差异化竞争和错位竞争。

第二种操作方式是差异化错位竞争策略。与第一种恰恰相反，采用这种策略的传媒组织在品牌定位或重新定位时，避免与强势品牌"短兵相接"，而是挑选强势品牌的弱点"乘虚而入"，做强自己的品牌。这种操作一旦获得成功，不仅能够做强自己的品牌，而且有利于整个传媒产业品牌系统的发展，有利于丰富受众的品牌选择。东方卫视在品牌定位时就充分考虑到了竞争品牌的特点，"东方卫视最大的特点应该是它的都市性，犹如上海与国内外其他地方的区别，而节目买点应该是比境外台更权威，比国家台更具亲和力"。"如果说中央台因为其国家台的地位，能够决定'谁在说'，凤凰台则由于地域优势可以主打'说什么'，那么东方卫视则要追求'怎么说'"。"所谓的'怎么说'，也就是要从都市人群的喜好和需求出发，来制作新闻，提供娱乐。"[①] 当然，要找到竞争品牌的弱点，完成自己的品牌定位，并且能够在经营实践中把它落到实处，绝非一件轻而易举的事情。十几年来，东方卫视虽然在节目上不断推陈出新，风格也略有变化，但在定位上保持了一贯性，基本上形成了自己"新鲜、新锐、都市、国际"的品牌特色。

（三）"消费者—竞争者—品牌自身"模式

这是一种综合三种变量的定位模式。它的挑战在于如何把消费者的需求变量和竞争者的优缺点变量结合起来，制定出适合自身优势的品牌定位。它可以采用定量分析的方法，但基于传媒品牌复杂的个性特征，一般更倾向于使用定性分析。2004 年底，湖南卫视把自己重新定位为

① 张志安：《东方卫视：目标锁定"都市先锋"》，《传媒观察》2004 年第 2 期。

“中国最具活力的电视娱乐品牌”，从它所展示的推介片来看，这是一种典型的综合消费者、竞争者和品牌自身特点的定位模式：“王牌”篇主要是对品牌现有竞争优势的分析，“主牌”“活牌”“金牌”“底牌”篇则主要是对品牌自身结构和能力的分析，“品牌”篇分析消费者特征和自己的整体品牌形象，最终推出新定位——“快乐中国，湖南卫视——打造中国最具活力的电视娱乐品牌”。[①]

三、网络媒体环境下传媒品牌的定位困境与出路探索

互联网环境下，尤其是随着移动互联技术的发展，信息组织和传媒组织的界限越来越模糊，各种社交媒体品牌和自媒体品牌大量出现，它们不仅成为传统媒体品牌（包括传统意义上的互联网媒体品牌）的竞争者，而且造成了传媒品牌的定位困境。

首先，传媒品牌定位面临身份困境。

传媒是什么？它何以存在？按照传统的解释，传媒是传播新闻信息和其他信息的组织，是党和人民的“耳目喉舌”。《人民日报》即一个很有象征性的名称。国外也有类似的看法，如杰克·富勒认为，传媒和记者是“公众的代理人，帮助公众发现证据并且评估其分量”。[②] 英美报纸多有用“论坛报”名字者，也反映了这一要义。然而，在新媒体环境下，传媒的这一身份面临着巨大的挑战：党的各级组织都设立了自己的网站和“两微一端”，人民也有了不少可以独自发声的社交媒体和自媒体，专业传媒是否还有存在的必要呢？对于此类问题，国内外专家学者多有讨论。有学者指出，“在一个任何人都可以在网上成为记者或评论员的时代，新闻工作者不再是一名教师或演讲者，而是‘论坛主

---

① 湖南卫视总编室企划推广部：《牌时代——湖南卫视 2005 推介片》，http://www.hunantv.com，2004 年 11 月 3 日。

② ［美］杰克·富勒：《信息时代的新闻价值观》，展江译，新华出版社 1999 年版，第 31 页。

持人’或调解人”。[①] 也有学者认为，传统媒体要实现从信息提供者向问题求解者的转型，实现从“发现问题、传达问题”到“启发思考、形成合意”的转变。[②] 也许，这个问题近期还不可能达成一致的看法，许多传媒品牌尤其是传统媒体品牌不得不面临定位困境的考验。

这一点在省级卫视的定位上体现得非常明显。作为党的主要媒体，绝大多数省级卫视都打出了“新闻立台”的口号，但是，看看它们的节目，上上它们的网站，最突出、最显眼、投入最大——也许获益也最多——的，都是电视剧、真人秀和综艺节目！从这方面看，也许湖南卫视是最坦诚、也最“表里如一”的一个电视台。

其次，传媒品牌定位面临受众困境。

传媒品牌定位是在受众头脑中来“定位”，要根据受众的变化而变化。那么，受众发生了什么样的变化呢？

受众，是传播学中指代被传播对象的一个概念。在早期的“枪弹论”中，受众就如同靶子，经常会被传者的“子弹”一击即中。后来虽然经历了有限效果论、霸权论等理论的修正，但“受众”的接受者地位并没有改变，它在信息传播中的弱势地位也几被公认。显然，在传统媒体环境下，这种认识是合乎现实的，因为在这种环境下传者掌握着绝对数量和质量的传播资源，受众即便有一定的主动性，也只能在传者所提供的“菜单”中选择和组合，跳不出“如来佛的掌心”。

随着 web 2.0 的发展与普及，这种局面日益被打破。受众不再是简单的信息接受者，也不只是发出简单信息、面目模糊的信息源，在博客、微博、微信等新媒体中，他们变成了系统信息的收集者、编辑者和发布者，变成了有感情、有思考、有自觉行为的人。对于这些“受

---

① ［美］比尔·科瓦齐、汤姆·罗森斯蒂尔：《新闻的十大基本原则：新闻从业者须知和公众的期待》，刘海龙、连晓东译，北京大学出版社 2011 年版，第 22 页。

② 童兵、樊亚平：《从信息提供者到问题求解者——转型时代传统媒体的角色转型》，《新闻记者》2014 年第 11 期。

众”，网民也许是一种更加中性、更加准确的称呼。

主动的“受众”根据自己的兴趣和利益选择接收和主动搜寻、组合制作信息，必然导致“大众”分化为利益、风格各不相同的“小众”群体。面对这样的受众，传媒品牌如何进行定位？显然，至少传统的大众媒体品牌没有给出多少令人信服的答案。

当然，也有人指出，新媒体的兴起并没有改变传统媒体信息提供者的地位和身份。根据美国的一项统计，95%的新信息来源于传统媒体，而不是新媒体。[①] 也有人认为，社交媒体和自媒体虽然提供了大量内容，但缺乏专业性和盈利模式，结果导致“一小部分专业者‘收获’大部分不用付费的投稿者的工作”。[②] 显然，这是传媒人比较喜欢的一个图景。新华报业传媒集团将其新闻客户端定名为“交汇点”，提出要实现“政情与民意的交汇，虚拟与现实的交汇，线上与线下的交汇”，达到“立足新闻价值，放大传播价值，产生商业价值，凸显个人价值”的效果。[③] 它可能就是基于对局势的这种研判的产物。

不过，至少在中国，这种图景和现实还有较大的差距。近几年，一旦重大社会性事件发生，草根媒体和自媒体往往成为人们转载和评论的热点新闻源，这一方面说明了草根力量在中国的兴起，另一方面则反映了现有传媒的无力。如此以往，诸多传媒组织和传媒品牌的价值何在？

也许，在中国，传媒的社会价值仍然在于做好党和人民的耳目喉舌，做好专业新闻和信息工作。正如在传统媒体陷入衰退的背景下，一向以高质量内容为核心竞争力的《经济学人》却保持了健康的发展势头和一如既往的盈利能力。传媒品牌如何定位，虽无定论，却不能急于

---

① Peter Lee - Wright, Angela Phillips, Tamara Witschge, Changing Journalism, Routledge, 2011. P17.

② Peter Lee - Wright, Angela Phillips, Tamara Witschge, Changing Journalism, Routledge, 2011. P10.

③ 《交汇点新闻客户端激情上线》，http：//js. xhby. net/system/2015/11/18/027038033. shtml。

功利。不忘初心，方得始终。

最后，需要指出，品牌定位是一种科学，也是一种艺术，它需要做多个方面的考量与分析，但也不能机械化、唯条件化，在许多情况下，经营者的主观意志和意愿往往扮演重要的角色，这也是它最富有魅力的一个方面。1982 年，美国甘乃特集团在总裁艾伦·努哈斯（Allen Neuhacth）的执意推动下创办了全国性报纸《今日美国》，并把报纸的定位放在报纸的头版："这是个全国性的报纸"（"The Nation's Newspaper"）。许多媒体观察家认为这种报纸不可能成功，就连大名鼎鼎的沃伦·巴菲特也认为它会败得一塌糊涂。然而它成功了！在《今日美国》发行 5 周年纪念会之际，巴菲特不得不承认自己的误判，并对努哈斯致以真挚的祝贺。①

第二节　品牌推广

品牌形成的过程，就是品牌在关系利益人中传播的过程。品牌传播有多种渠道和形式，如传媒组织内部传播、传媒组织和消费者等关系利益人之间的传播、关系利益人之间的传播等。所谓"酒香不怕巷子深"，描述的就是消费者喜爱的品牌在消费者中自动传播、"不胫而走"的现象。不过，许多专家指出，目前的社会是一个"传播过度"的社会，人们多采用"浅尝资讯式购买决策"（sound bite decision making），② 这个古训已经不那么灵验了。传媒组织必须进行积极的品牌传

① ［美］艾尔·努哈斯：《报业帝国》，李瑞君、李淑君译，宇航出版社 2002 年版，第 269－270 页。

② ［美］唐·E·舒尔茨等：《整合行销传播》，（台）吴怡国等译，中国物价出版社 2002 年版，第 36 页。

播，才能取得更好的传播效果。

品牌推广是传媒组织策划并实施的主动性的品牌传播行为。现在的传媒品牌推广，已经超越了打几个广告之类的“初级阶段”，正在向系统化、整合化的战略高度迈进。

一、品牌推广的目标选择与预算决策

一般来说，品牌推广的目的有三个：认知的目的，增加品牌的知名度；态度的目的，提高品牌的美誉度；行为的目的，促使消费者购买该品牌的产品或服务，并形成品牌忠诚。推广目标是推广目的的阶段性体现，其主要理论根据之一是拉维吉（Lavidge）和史坦能（Steiner）的“阶梯效果”理论。依据该理论，消费者必须经过前一个阶段才会走到下一个阶段。[①] 虽然有人指出品牌消费未必一定遵循这个规律，例如，消费者可能不经过品牌认知阶段，而是在反复购买和品牌体验中形成对品牌的态度，但是，从一般传媒品牌现象来看，“阶梯效果”理论对品牌推广有很大的指导意义。

品牌推广的目标是通过对消费者与品牌关系现状的分析，结合品牌竞争环境和推广者的主观需要制定出来的。对于一个新创品牌来说，把品牌的知名度和美誉度提升到某一高度可能是较为现实的推广目标，而对于一个知名度已经很高的品牌来说，把品牌的美誉度和消费者忠诚度提升到某个层面往往具有更大的意义。

应该花多少钱进行品牌推广？没有完全适用的公式！比较简单易行的量化方法有比例法和目标法两种。比例法中较常见的是“广告对销售比”和“音量占有率”两种方法。前者是把品牌产品或服务销售额一定比例的资金作为推广费用，后者是用特定品牌推广费和整个市场推广费用之比的方法决定推广费用。目标法是先设定想要达成的目标，再

① 白光主编：《品牌资本运营通鉴》，中国统计出版社 1999 年版，第 141 – 142 页。

预测需要投入多少资源的方法。

笔者认为，这些方法对中国传媒产业品牌推广的适用性是非常有限的。首先，对传媒品牌来说，这些方法的可行性和科学性需要慎重考量。传媒本身是一种传播载体，其销售往往涉及“两次销售”，无论使用“广告对销售比”还是“音量占有率”方法，其操作都会遇到量化的困难。当下，不少传统媒体为了推广自己的新媒体品牌，往往采用组织传播甚至硬性摊派的方式拉高其 APP 的下载量，结果造成的大多数是“僵尸用户”。这是一种低效率甚至很危险的品牌推广方法——如果大家都知道了某个传媒品牌，但是大家都不使用它，那它就落入了品牌经营的“墓地”陷阱！

其次，中国传媒产业具有多个层面的双重性，其品牌推广不仅仅要考虑市场层面，简单以市场化的“广告对销售比”，或者简单以市场营销手段扩大自己的“音量”，很可能造成适得其反的效果。

品牌推广费用的世界权威、李奥贝纳广告公司的伯德班特的“过程模式”很有借鉴意义。他认为，“决定广告费用的不是公式，而是决定预算的过程”，它往往是由推广者的个性、权力基础、实践和公司状况来决定的。这个过程共有六个步骤：

①审阅品牌目的：估计品牌对公司的重要性和对品牌竞争力或财务目标的期望。

②审阅品牌预算：由过去品牌在市场的表现来看现在和未来的预算。

③回顾市场历史和预测未来：由过去营销活动的历史，评估竞争者在短期内可能采取的行动。

④评估广告效果：整合过去不同状况的投资效益结果，这需要市场经验、智慧和过去经验的推论。

⑤设定预算：在审核品牌的策略目标之后，试做几种预算模式来决定预算。

⑥考核可行性：必须考虑推广目标、其他品牌的预算及公司整体情形，看建议的预算是否合理可行。[①]

伯德班特的过程模式虽然主要是针对企业组织的品牌推广来说的，但它考虑到了组织的内与外、历史与现实等多方面的因素，无论对于企业性传媒品牌还是事业性传媒品牌，都具有很大的参考价值。

二、品牌推广的方式选择

品牌推广可采用的方式很多，主要有媒体广告、公共关系、促销、与消费者的互动活动等。

（一）媒体广告

媒体广告是最常用的一种品牌推广方式。由于大众传媒本身就是很好的传播渠道，与消费者有一种“先天”的传播关系，广告这种品牌推广方式长期以来并没有受到中国传媒产业的重视，2000 年以来才呈现出迅猛发展的趋势。麦尚文先生曾经对中国报纸的品牌形象广告做过一个小范围的调查统计，描绘出了它的大致走向：20 世纪 80 年代几乎为一片空白，90 年代上半段逐渐起步，2000 年以后才得到较快的发展（数据截止到 2002 年）。[②] 广播电视媒体也大致经历了同样的发展历程。现在，广告已经成为中国传媒产业品牌推广的一种最主要的手段，媒体自身形象广告、跨媒体品牌广告、户外媒体品牌广告……形形色色，不一而足，颇有泛滥之势。其实，广告这种形式，对提高品牌知名度相当有效，对品牌美誉度的提升就相当有限了，而对于品牌的消费者忠诚度，影响相当微小。因此，对于已经建立起高知名度的传媒品牌来说，是否应该经常做大量的品牌广告，怎样做才能获得理想的投入产出比，实在是一个需要认真考虑的问题。再者，高知名度的效应未必一定是正

---

① 白光主编：《品牌资本运营通鉴》，中国统计出版社 1999 年版，第 143 – 144 页。

② 麦尚文：《品牌形象传播：提升报纸核心竞争力的新途径——对我国报纸自我形象广告的调查与分析》，《中国广告》2003 年第 6 期。

面的，大卫·爱格认为，那些很多人都知道、消费时却很少有人想起的品牌“非常糟糕”，等于进入了“墓地”，它不但成不了强势品牌，而且很可能成为难以翻身的弱势品牌。[①] 所谓物极必反，中国传媒产业的品牌广告活动，尤其是那些简单重复、缺乏创意的广告行为，已经到了应该反思的时候了。

（二）公共关系

公共关系是指组织通过评估社会公众的态度，确认与公众利益相符合的个人或组织的政策或程序，拟定并执行各种行动方案，以争取社会公众的理解与接受。[②] 传媒组织的公共关系工作实际上是一种品牌推广工作，即通过公关努力，建立良好的品牌形象。中国的多数传媒组织是事业性质的，“公共服务”“党的喉舌”等性质是它们的基本特征，这些组织过多地通过广告进行品牌宣传，很可能使公众和消费者产生怀疑和抵触情绪，难以收到预期的推广效果。公共关系活动则不同，如果运作得当，它能够兼顾社会效益和经济效益，极大程度地提高传媒品牌的认知度、美誉度和忠诚度。知名报人崔恩卿以擅长报业运营而著称，先后操盘《北京青年报》和《北京娱乐信报》，他策划的一系列报业推广活动，如《北京青年报》的“小红帽”等，至今仍具有很高的启发性价值。“非典”肆虐期间，《北京娱乐信报》推出了“千纸鹤送真情”活动。在 2003 年 5 月 12 日国际护士节这一天，报纸用 16 个版的铜版纸印制了 20 只纸鹤图样，并配以折叠方法介绍，同时刊登出所有非典定点医院的地址，鼓励市民动手叠好纸鹤寄到医院去，向战斗在一线的广大医护人员致以节日的问候，也向正在同 SARS 做斗争的病人们表达一份祝福。活动引起了很大反响，据该报 5 月 21 日报道，仅北京佑安医院就收到了八万只纸鹤，北京市 120 急

① ［美］大卫·爱格：《品牌经营法则》，沈云骢、汤宗勋译，内蒙古人民出版社 1999 年版，第 12 页。

② 白光主编：《品牌资本运营通鉴》，中国统计出版社 1999 年版，第 137 页。

救中心的员工还专门给报纸发去了感谢信。同时，活动的广告收益也不错，仅鹤翅膀的广告收入就达到了24万元。①

（三）促销活动

传媒产业的促销活动主要包括两个方面：一是针对传媒受众的促销活动，如每年订报季节的报纸促销活动；二是针对广告商和广告公司的促销活动，如中央电视台每年举办的各种形式的广告推介会和招标说明会等。不过，并不是所有的促销活动都具有品牌推广作用，有些促销活动是以产品销售或广告收益为主要目的的，处理不当甚至可能对组织的品牌带来负面影响。报界经常发生的“价格战”，以及借用朋友关系、“绑架式”推销新媒体客户端等现象，就是典型的例证。它们对提高媒体的临时性销售或推广数字可能有立竿见影的效果，但对品牌建设的效果，往往是喜忧参半的。

（四）与消费者的互动活动

与读者（观众、听众）等消费者互动是媒体的一项重要的日常工作，如传统的读者来信来电、短信互动，以及近年来兴起的用户跟帖评价、用户制作内容（UGC）等。并不是所有的互动活动都具有品牌推广作用，那些在新闻报道或娱乐节目中设置的互动环节，尤其是那些“有奖”互动环节，直接逐利动机昭然若揭，是没有多少品牌推广价值的。但是，富有创意的、以品牌推广为目的的互动活动往往会收到很好的效果。1981、1982年MTV初建时，并不被美国观众接受，因为他们认为音乐是用耳朵听的，不是看的。MTV开展了大规模的品牌推广活动，它利用许多摇滚明星，一个城市一个城市地去推广——“我喜欢MTV”（“I like MTV”），从而很快确立了MTV在美国电视音乐中的领导品牌地位。②

---

① 参见崔恩卿主编：《上兵伐谋：北京娱乐信报策划案例实录》，台海出版社2003年版，第99－101页。

② MTV全球音乐电视台总裁Tom Freston2004年2月20日在复旦的演讲。

三、传媒品牌推广中几个值得注意的问题

（一）品牌推广方式的整合

不同的品牌推广方式有不同的侧重点，其推广效果也是不一样的。例如，广告这种方式很容易建立起品牌的知名度，并且适合于把非产品的、品牌形象上的特质联系起来；公关活动则能有效地建立品牌的知名度和美誉度，特别是使品牌更容易识别；促销和互动活动对于品牌的“接近销售”和刺激购买特别有效，而且有助于增加消费者等品牌关系利益人的品牌情感与品牌体验，实现较深层次的品牌沟通。要想实现全方位的品牌沟通，创建强势品牌，必须把多种推广方式整合起来。从另一方面看，过分强调某一种推广方式，有可能造成品牌构成上的缺陷，不利于品牌经营。例如，广告可以在短时间内建立起品牌的高知名度，却很难建立起相应的品牌美誉度和忠诚度。过分依赖广告推广，就会造成品牌内在结构的失调和品牌的脆弱。20世纪90年代中期，中央电视台几代“标王”“其兴也勃焉，其衰也忽焉”的现象，就是深刻的教训。所以，品牌推广战略要注意各种推广方式的配合，以获得“1+1>2”的整合效果。

利用同一种品牌推广方式所开展的各种推广活动，也存在如何整合的问题。例如，湖南交通频道曾提出“户外活动品牌化”的思路，所谓“户外活动品牌化”，就是指对频道一年内要做的户外活动进行逐一摸底排查，对于可重复操作、公益性强、受众关注度大的户外活动，列入“品牌活动”操作计划，通过“内容工艺化、操作立体化、对外宣传系列化”，形成市场知名度很高的品牌化活动。该频道已开展数年的“免费送考”活动等，都取得了很好的推广效果。①

---

① 罗毅、刘永平：《从打造到经营——湖南交通频道强化媒体品牌的策略》，《中国广播电视学刊》2003年第10期。

总之，不管采取哪些推广方式及其组合，都应该做到协调统一，以便创立一个连贯的、前后一致的品牌形象。

（二）品牌推广的精神内涵

由于传媒和受众之间天然的联系，对一般大众传媒品牌来说，建立起品牌知名度并不困难。这样就出现了一个问题：传媒品牌的推广依然是以广告为主要方式的，在中国尤其如此，这种推广还有价值吗？当然是有的。其价值之一是维护和巩固已经存在的知名度，给人造成一种熟悉的感觉。不过，笔者认为，仅仅做到这一点不是传媒品牌推广的最优效果。好的品牌广告要能够充分展示传媒品牌的精神内涵和个性特征，沟通传媒与消费者的精神交往，使消费者对品牌的认知程度超越“知道”的层次，达到“记得”乃至“完全被主导”的层次，[①] 从而在一定程度上提高品牌的美誉度和忠诚度。

美国《芝加哥论坛报》品牌营销部主任 Kelly Shannon 说：“我们的广告选择了不同部门的采编人员，描述他们是怎样工作的，他们总是牢记自己的使命努力去知会、激发、娱乐读者。”[②]《时代》杂志曾经开展一次多媒体广告，它采用街头目标音频广告的形式，当行人走入广告的红框标志——《时代》的品牌标识——范围内时，就会听到一条摘自《时代》杂志的新闻。这个广告一改传统的平面广告传统，以新奇的创

① 世界品牌权威、美国西北大学教授大卫·爱格（David A. Aaker）将知名度分为“知道”（我以前听过或看过这个品牌）和“记得”两个层次，其中“记得”又包括“记得”（我能够记得并说出这个品牌的产品）“最记得”（这是第一个让我想起的品牌）“完全被主导”（我只知道这个品牌）三个层次。爱格认为，一个健康的品牌应该在知名度上达到“知道”和“记得”两个层次的平衡。“知道”的消费者太少的品牌在品牌扩张上可能会有阻力，但“知道”者很多而“记得”者很少的品牌更糟糕，爱格把这种品牌构成模式称作“坟墓模式”并指出其危险：“（这种品牌）不一定就能够成为强势品牌，相反的，也有可能成为难以翻身的弱势品牌。”参见［美］大卫·爱格：《品牌经营法则》，沈云骢、汤宗勋译，内蒙古人民出版社 1999 年版，第 10－12 页。

② 刘青：《美国报业经营新趋势（四）——报业改革：重新贴近读者的浪潮》，《中国报业》2004 年第 11 期。

意将该杂志在新闻界的话语权巧妙地辐射到了消费者的日常生活当中。"我们把杂志广告看作是内容的一部分，而不只是商业广告那么简单。"[①] 该次广告活动的执行创意总监不无得意地说。与只强调品牌名称、标示、口号等信息的一般广告相比，这种彰显传媒品牌精神内涵的广告推广活动，无疑会收到更好的品牌推广效果。

（三）品牌推广的机遇把握

要创建强势品牌，还必须善于捕捉品牌推广的机遇。什么时候进行品牌推广？除了日常性的品牌推广活动以外，战略性的品牌推广常常出现在新品牌创建或老品牌表现不佳的时候。其实，这两个时候的品牌推广，或是临渴掘井，或是亡羊补牢，都带有一定的被动成分，不能说是品牌推广的最佳时机。

对传媒品牌来说，最主要的机遇就是当重大新闻事件发生时——海湾战争造就了 CNN 的全球新闻频道地位，香港回归和 9·11 事件使凤凰卫视名扬全国。凤凰卫视总裁刘长乐对此深有感悟："我认为，在重大事件发生时，媒体首先还是要强调社会效应，以打媒体品牌为主，而经济效益上的回报是次要的"。[②] 从 1996 年到 2011 年前后，凤凰卫视在品牌经营上取得如此巨大的成功，利用香港回归、澳门回归、美国 9·11 事件、伊拉克战争到击毙本·拉登等国内外重大新闻事件报道进行品牌推广居功至伟，所谓"大事看凤凰"，就是对这一现象的简洁概括。

应该说，中国不少新闻媒体已经具有了抓重大新闻事件来打造品牌的意识，2014 年的巴西世界杯足球赛、2016 年的里约奥运会，许多媒体都"强力出击"，不仅致力于新闻报道，其他推广活动也搞得轰轰烈

① ［美］克莱尔·艾特金森：《〈时代〉杂志的街头宣言》，《国际广告》2004 年第 10 期。

② 《伊拉克战事与凤凰卫视—访凤凰卫视总裁刘长乐》，新浪网（http：//www.sina.com）2003 年 4 月 21 日。

烈，虽然不少媒体是“赔本赚吆喝”，它们仍然乐此不疲。目前的问题，在于如何把握这种机遇。在当下的传媒环境中，人云亦云、比谁“财大气粗”式的品牌推广已经落伍了。试想，在一个现场观众能够直播的年代，在一个“朋友圈”可以像咖啡馆一样讨论的年代，简单的煽情式推广究竟还能起到多大作用?

在这样一个移动网络化的新媒体时代，冷静周密的内外部环境分析、细致可行的推广预算和富有创意的推广形式、传媒组织各部门的支持配合显得比以往更为重要，只有把这些方面统一在一个可行的战略构架之内，并根据情况变化进行动态管理，不断创新传播形式和方法，力求触及人们的心灵，引爆人们的话题，才能够真正把握住机遇，提升自己的品牌竞争力。必要的经济支持绝不可少，但精妙的创意更能达到出奇制胜的效果。9·11 事件期间，《纽约时报》曾经刊登过跨国公司 Ethan Allen 的整版公益广告——那是一面美国国旗，还附有“使用说明：把它从报上剪下来，贴到家里的窗户上。拥抱自由”。[①] 这则广告与《纽约时报》“时代记录者”的品牌形象相得益彰，可谓举重若轻，不失为 Ethan Allen 和《纽约时报》品牌推广“双赢”的一个“神来之笔”。

第三节　品牌延伸

一、品牌延伸：传媒品牌经营的重要构成部分

品牌延伸是传媒产业品牌经营的一个重要组成部分。从历史角度来看，电影品牌和杂志品牌的延伸活动开展较早，也相当成功。迪士尼公

① 《9·11 与美国公益广告》，《中国广告》2002 年第 1 期。

司是这方面的佼佼者。20 世纪 30 年代，沃尔特·迪士尼创造出了米老鼠系列等动画影片，并成功地将米老鼠、白雪公主等的动画形象延伸到其他商品。在接下来的十多年里，迪士尼公司有 1/10 的收入来自于动画品牌的特许经营，这些收入，几乎是以纯利润的形式呈现的。①

到了 20 世纪 90 年代，传媒产业为品牌延伸提供了更为充分的条件。这主要体现在两个方面：一、科学技术尤其是数字通讯技术的发展使各种媒体间的可替代性迅速增强，品牌与传播方式互依互存的关系日益被打破，这为品牌在同类媒体中的延伸和跨媒体延伸提供了极大的便利。报纸、电视及其下属栏目、节目品牌纷纷"上网"就是一个突出的表现。二、随着传媒产业的发展，传媒品牌的竞争日趋激烈，"另起炉灶"创建新品牌的难度加大，品牌延伸成为开拓现有市场和进入新市场的重要选择。

利用品牌延伸，可以达到两个目的：一、做大做强品牌，获取相对于竞争者的品牌优势；二、获取经济收益。一般情况下，一个传媒组织在品牌延伸时会兼顾以上两个方面，但也不排除在特殊情况下出于战略的需要而偏重其中的一个。例如，在现金流吃紧时，通过品牌延伸可以在较短时间内获取较多的资金，以解燃眉之急。但是，必须指出，这只能是暂时的权变行为，不可能长期如此，否则只能是自毁长城，不但延伸品牌难以维持，母品牌也将受到损害。利用延伸品牌来增强母品牌的影响力，是另一种特殊情况。世界著名的彭博新闻社拥有广播、电视、互联网、杂志等多项业务，在全球有新闻员工 2000 多人，其实，彭博新闻社并不承担盈利目标，它的母公司——彭博资讯社看重的是它们对公司影响力的提升。当然，母品牌影响力的提升最终将转化为经济收益，对于彭博社来说，那就是卖出更多的终端机。

① 苏元益：《迪士尼：经营失落的童心》，《中国广告》2004 年第 4 期。

所以，品牌延伸不仅在整个传媒组织的品牌经营中占有重要地位，而且可能对整个传媒组织的发展和战略决策产生重大的影响。

二、传媒品牌延伸的方式选择

品牌延伸的方式大致可以分为两大类：线延伸和大类延伸。

线延伸（Line extension）指在原产品大类中将现有品牌延伸到新开发的产品上。报纸、电台电视台多采用主副品牌式的线延伸策略，如《南方都市报》延伸出《南方体育》、中央电视台在现有频道的基础上推出“CCTV 新闻”“CCTV 少儿”频道等。具体产品的延伸也比较常见，如 2000 年前后，光线传播由《中国娱乐报道》延伸出《世界娱乐报道》，继而又推出《中国网络报道》等相关品牌节目。

大类延伸（Category Extension）指将品牌由原产品大类延伸到其他产品大类。一种大类延伸是跨行业大类延伸，如美国的 ESPN、MTV 从电视延伸到杂志，《华尔街日报》延伸出网络版等。随着各种媒体之间可替代性的增强，这种延伸会越来越多。另一种大类延伸方式是跨产业延伸，如将电影、杂志品牌及其下属的人物品牌延伸到服装、食品等行业，这种延伸多是以品牌许可授权的方式进行的。

品牌许可授权是指公司之间关于使用他人品牌的名称、图案、特性或其他要素来促进本公司产品销售并支付固定费用的一种品牌延伸方式。[①] 这其实是一种与其他公司合作经营品牌的方式。许可授权可以在同一产品大类中进行，最典型的代表就是杂志的国际许可授权，如《国家地理》《花花公子》等杂志的国际版，绝大多数是以国际许可授权的形式延伸的。跨产品大类和跨行业的许可授权更为普遍，迪士尼、

① ［美］凯文·莱恩·凯勒：《战略品牌管理》，李乃和等译，中国人民大学出版社 2003 年版，第 244 页。

HBO 等都是这方面的典型代表。

迪士尼被著名品牌专家凯文·莱恩·凯勒称为“许可授权的冠军”。[①] 迪士尼与世界上顶尖企业达成立 3000 多项 16000 种产品的许可授权协议，授权内容包括小熊维尼、米老鼠、唐老鸭等标准动画人物和迪士尼商店等。为了有效利用动画形象的声望，迪士尼公司还为授权产品开发了一组品牌，每一个品牌针对一个年龄层次，并有专门的销售渠道。例如，宝宝米奇公司针对婴幼儿，米奇则针对儿童和成人。[②] HBO 经历十几年的“卧薪尝胆”，现在已经成为美国付费电视频道的第一品牌。做强以后，它开始在许可授权方面大举扩张：制衣公司 ZanZara Internation 推出了许多款 HBO 剧中人物所穿的衣服和饰品，带有“HBO”和“The Sopranos”。

应该采用那种延伸方式？没有一成不变的法则。这要求管理者依据品牌的个性，通过对传媒组织和品牌的内外部环境分析，做出自己的决策。21 世纪初，杂志品牌向广播电视延伸在美国成为一种潮流，《国家地理》《财富》《人车志》《玛莎·斯图尔特生活》都是追逐这一潮流的“弄潮儿”，《美好家园》却停止了它的同名电视节目，按照该杂志发行人丹·拉加尼的解释，原因是这一延伸“从审美的观点上并没有达到我们的预想目标”。[③] 总之，无论采用哪种方式，指导原则是一样的，那就是能够充分运用现有品牌有利的品牌联想，同时保持核心品牌的内在价值，以实现品牌增值的目的。

在移动互联快速发展的大背景下，媒介融合的趋势越来越显著，各种传媒形式之间的界限越来越模糊，因此，线延伸和跨行业大类延伸的

① ［美］凯文·莱恩·凯勒：《战略品牌管理》，李乃和等译，中国人民大学出版社 2003 年版，第 245 页。

② ［美］凯文·莱恩·凯勒：《战略品牌管理》，李乃和等译，中国人民大学出版社 2003 年版，第 245 页。

③ 叶新、孙雁南编译：《今天做出版　明天开商场：美国杂志的品牌延伸战略》，《传媒》2004 年第 8 期。

界限也越来越模糊。例如，现在四大传统媒体不仅都设有自己的网站，绝大部分都以同名方式开发了自己的“三微一端”。这种延伸到底是线延伸还是大类延伸，确实是一个需要认真研究的问题。

提出这个问题，并不是要搞文字游戏，而是要思考两类延伸的区别以及它们对延伸的影响。一般来说，线延伸往往在内容和媒介特质上比较相似，因而延伸品牌的变化较小，而跨行业大类延伸却需要做较多有别于原品牌的开拓。中国在20世纪90年代的传统媒体“上网热”、当下各家媒体的“三微一端”热，整体上看似乎都不是特别成功，原因正在于此。无论十几年前的网页照搬传统媒体的内容，还是当下微媒体简单压缩传播传统媒体的内容，都不是合乎规律的延伸做法。微媒体不可能简单架构于科层化的管理体制之上，也不可能照搬旧媒体的表达方式和运营模式！之所以“三微一端”重复了“上网”的旧路，一方面是由于传统媒体的运营管理机制并没有做出相应的改变，另一方面，媒介融合可能弱化了人们对跨类延伸的思考，淡化了传统媒体和微媒体的区别，从而使绝大多数传统媒体以“媒介融合”的名义简单推行“三微一端”，重走了十几年前“上网”的旧路。当然，也要看到，有些媒体没有简单地延伸，而是创立了新的品牌，如上海报业集团的“澎湃”、新华报业传媒集团的“交汇点”。其实，问题的关键不是延伸与否的问题，即使这些采用了新名称的新媒体，从品牌理念、品牌形象以及支撑品牌运作的经营管理体制等方面，都还有很长的路要走。

三、传媒品牌延伸中的优势创建与风险规避

品牌延伸是传媒品牌经营的一个重要选择，这并不意味着每一个传媒品牌都要尽量地延伸，进一步讲，并不是每一个品牌都要进行延伸。因为品牌延伸是一把双刃剑，它有许多优点，也隐含着很多风险，两者总是同时存在于品牌延伸行为之中的，即使精心策划、实施良好的延伸行为也是如此。

表 4－1 传媒品牌延伸的主要优点与风险：

优点	风险
1. 增加新产品的可接受性 2. 降低新产品的市场导入费用 3. 满足消费者的多样化选择 4. 明确与丰富母品牌 5. 有利于形成规模优势	1. 使消费者感到困惑 2. 伤害母品牌的形象 3. 淡化品牌个性 4. 错过开发新品牌的机会 5. 削弱母品牌的市场份额与影响力

所以，对传媒品牌经营来说，不是要不要进行延伸的问题，而是如何延伸的问题。

如何发挥品牌延伸的优点？如何规避延伸的风险？如何最终创建竞争优势？没有确定的答案！凯勒教授指出，品牌延伸是 20 世纪八九十年代才开始流行的，“指导品牌延伸策略的‘原则’也刚刚兴起”①。根据凯勒等人的研究，结合传媒产业品牌延伸的实践，笔者认为以下几点值得关注：

（一）充分利用母品牌拥有的有利品牌联想，使消费者感到母品牌和延伸品牌（产品）相互适合

这种联想可能来自于技术上的相关性、产品的相同性、服务系统的相同或相似性、产品质量和品位的相当性等方面。ESPN 在品牌延伸时，所有被延伸的对象都与体育有关，不但很好地利用了原有品牌联想，还使这种联想得到了进一步的加强，它因此受到了密西西比大学新闻学教授沙米尔·胡斯尼的夸奖。② 以深度报道和人文关怀特色为主要品牌个性的《东方时空》曾经延伸出了《东方之子》《时空连线》等知名栏目，但 2000 年延伸出“大容量”“早餐式”的《新闻早报》等栏目，却因与原有品牌联想相距太远而“败走麦城”。

① ［美］凯文·莱恩·凯勒：《战略品牌管理》，李乃和等译，中国人民大学出版社 2003 年版，第 381 页。

② 叶新、孙雁南编译：《今天做出版 明天开商场：美国杂志的品牌延伸战略》，《传媒》2004 年第 8 期。

（二）如果一个品牌被视为某一产品大类的代表，该品牌就很难向这一产品大类以外延伸

例如，作为全国“四大晚报”之一的《扬子晚报》是中国晚报的典范，它向晨报或向广播电视延伸就比其他报纸困难，即使采用主副品牌策略，如把延伸品牌称作《扬子晨报》、扬子频道等，这种困难仍然是存在的。从某种程度上说，新创建一个“某某频道”，也许比延伸而来的扬子频道更容易进行品牌定位和形象建构。

（三）具体的特质联想在延伸时比抽象的优势联想更困难

“东方明珠”在跨产业品牌延伸时，可能比“歌华有线”更容易一些；“第一财经”能够较容易地从电视延伸到报纸和广播媒体，“中央电视台”就很难做到这一点。美国的 HBO 是一个以有线电视经营为主业的、有着远大品牌经营抱负的公司，它有一个著名的口号：“这不是电视，而是 HBO”（Its not TV，Its HBO）。经过二十年的发展，HBO 在消费者心中建立起了“高品质”的品牌联想，它不但在核心业务付费电视方面取得了巨大的成功，而且向服装、饮食等行业的品牌延伸也取得了引人注目的成绩。①

（四）关注品牌延伸中品牌联想的变化

在原产品大类中的正面联想，到了延伸产品或服务中，就可能变成负面的了。例如，规范的书面表达是一张严肃大报的正面联想，然而对于电视媒体来说，这个联想就可能是一种束缚，甚至是一种负面因素。杂志品牌尤其是以图文并茂见长的杂志品牌向电视延伸较多，也较为成功，报纸品牌向电视延伸的成功案例却不常见，品牌联想的转移是一个重要原因。

（五）如果某一产品大类被认为很容易生产，向这一产品大类实施延伸就比较困难

如电视和广播中的整点新闻简报，就没有多少品牌延伸的价值，即

---

① 青禾：《HBO——艾美奖的“明星”》，《世界广播影视》2004 年第 11 期。

使延伸到了这个领域，也很难取得显著的品牌效应。

基于事业性质和发展规模等原因，中国传媒产业的品牌延伸发展较晚，但随着传媒产业的发展以及媒介融合政策的推动，传媒品牌延伸得到了迅速的发展。南方报业传媒集团在报纸行业的品牌延伸、“第一财经”的跨媒体品牌运作、电视娱乐节目品牌（如《爸爸去哪儿》）向旅游、创意产品的延伸等，都是典型的案例。但是，从整体上看，中国传媒产业的品牌延伸还处于“学步”阶段，存在着不少短视行为和操作误区。例如，前几年，某些传媒组织大举延伸，把工厂、浴池、理发店等根本不具有相关性的实体统统收至名下，是典型的依靠品牌影响力套取实利的短视行为。所以，对绝大多数中国传媒组织来说，如何依据内外部环境制定适当的战略，扬其所长，避其所短，使品牌延伸成为品牌经营中的一个有力工具，仍然是一个富有挑战性的问题。

第四节　品牌情感

营销界有一句话流传甚广：不要卖牛排，要卖嗞嗞声。如果说卖牛排代表的是产品相对稀缺的生产时代，卖嗞嗞声代表的是产品已经相当丰富的营销时代。品牌，正是在营销时代兴盛起来的一门学问，它不仅仅和产品相关，更与消费者相关，其中就包括消费者的情感。一旦品牌和消费者建立起情感联系，就能够更好地建构两者之间的关系，促进品牌消费行为。作为诉诸人的精神的传媒品牌，这一点显得尤为重要。

一、培养品牌情感：传媒品牌建设的重要维度

“人们把对迪士尼的热爱传递给他们的孩子，他们的孩子再逐渐灌输给他们的后代。”因为“迪士尼品牌不仅仅代表着它的产品，它还代

表着普遍的、永恒的情感标准。孩子用一个镍币买一张电影票，笑着看完了电影中米老鼠和唐老鸭的滑稽可笑的表演。等他们长大后，有了孩子，他们的孩子每个下午都会坐在黑白电视前收看《米老鼠俱乐部》。他们长大后再有了孩子，这些孩子们的一个下午都会在互联网的迪士尼网站上玩交互游戏。而这三代人又可以在星期天都到百老汇看日场的《狮子王》。”迪士尼前总裁迈克尔·艾斯纳如此描述支撑人们对迪士尼品牌喜爱的情感因素。① 可以说，三代人是一个不小的跨度，浮云苍狗，很多事物都发生了很大的变化，包括迪士尼的形象、产品和竞争对手，但是独特的品牌情感体验延续了下来，正是这种童年般天真的快乐成为维系迪士尼和消费者的一个重要纽带。

品牌情感正是这样一种特殊情感，品牌联系消费者的独特情感。它对于传媒品牌来说显得尤为珍贵。每当我们听到新闻联播那熟悉、庄严而又悦耳的开始曲时，一种亲切感和自豪感油然而生，这就是几十年培养起来的品牌情感，它不仅仅是一种即时的体验，更是一种富有历史感的体验，一种自己和自己的对话，一种融于群体、融于社会的归属感和安全感。雅虎公司把开心和友好当作自己的品牌核心，声称“现在，在许多市场中，我们已经超越仅仅建立品牌知名度阶段，而更加侧重于同我们的用户建立情感方面的联系”。② 相比之下，中国的绝大部分传媒品牌严肃有余，亲切不足，还没有在受众中建立起稳定、深厚而且富有竞争力的品牌情感。

二、新媒体进一步凸显了品牌情感的价值

客观、真实、公正等构成了传统媒体时代传媒品牌的主要特征，这

① ［英］菲欧娜·吉尔摩：《钢索上的品牌战士》，刘军等译，中信出版社 2002 年版，第18 页。

② ［英］菲欧娜·吉尔摩：《钢索上的品牌战士》，刘军等译，中信出版社 2002 年版，第182 页。

是由传媒产业的特性所决定的，某种程度上，经过数百年印刷时代的“培养”，人们已经习惯了感情缺失的表达和思考，甚至把它当作一种更高层次、更为深刻的传播方式和认知手段。虽然以娱乐为主的迪士尼在品牌情感上取得了巨大成功，并没有动摇传统媒体的这种特征。

然而，随着网络时代的到来，尤其是随着移动互联媒体的发展，传媒正在被赋予越来越多的情感因素——捕捉情感、表达情感和传播情感。从报纸到广播电视，再到互联网，再到基于移动互联技术的手机、APP，还有正在不断融入我们生活的 VR 和其他可穿戴设备，新媒体正在使全方位表达和传播人的情感成为一种可能，也使品牌情感越来越成为传媒品牌建设不可或缺的一个重要组成部分。

1999 年，《南方周末》发表了新年献词：《总有一种力量让我们泪流满面》，这篇文章曾经为多少人传唱和模仿，却没有能够改变报纸的传统表达方式和品牌理念追求。时至今日，我们在不少报纸停刊或休刊的告别词中会看到类似的情感化表达，但是，现存的报纸仍然没有改变他们的品牌理念和品牌口号，好新闻、深度、观点、实力、影响力、权威、新、快、公正等仍然是其中的关键词。相对而言，电视的品牌诉求已经变化了许多，不少开始主打情感牌：

湖南卫视：快乐中国

江苏卫视：情感世界·幸福中国

北京卫视：天涯共此时

东南卫视：欢乐海峡

四川卫视：中国爱

湖北卫视：中国心动力

吉林卫视：美好吉林幸福家

云南卫视：乐行中国

这是一种回归还是一种肤浅？尼尔·波兹曼等人看到了电视娱乐的

肤浅和堕落，并给予了毫不留情的批判。麦克卢汉等人则拥抱新技术，认为新的媒介技术是“人的延伸”，带来的是人的表达自由和个性解放。这方面的争论也许还会持续，也许永远不会有绝对的答案。但是，可以确定的是，传媒业界已经张开双臂欢迎这种变化了。“自媒体的边界在哪里？人的边界在哪里，自媒体的边界就在哪里。只有那些将自己的个性封印在自己内容上的自媒体才是成功的自媒体。”杨天国的这种观点具有很大的代表性。[①]

三、如何培养传媒品牌情感

品牌情感是一种稳定、持久而又真诚的感情。现在不少媒体很煽情，但往往诉诸的是一些戏剧化或肤浅的情感，缺乏持久性，缺乏与生活的联系，也难以引发受众的品牌行为。另一个问题是品牌情感缺乏一致性。同一个传媒品牌的产品（如节目或栏目），情感诉求却相去太远，前一个道貌岸然，后一个一点正经没有，上一个纸醉金迷，下一个不食人间烟火，这样自然难以形成良好的品牌情感。

（一）注重内部学习，构建品牌情感共识

品牌情感是一个难以量化的东西，却体现在相关人员的举手投足之中。开展内部学习，让所有员工都熟悉自己的品牌文化，掌握相应规范与情感表达技巧，非常重要。迪士尼就非常重视这一点，不但高层管理人员要苦学公司文化，过一个“地狱周”，一般工作人员也必须学习。“所有的演职员工，在他们成为迪士尼雇员的第一天，他们也都必须了解该品牌的历史、中心原则以及它的价值观。”[②] 曾经以激情和前卫姿态在全国省级卫视中领跑的湖南卫视，2004 年前后面临“激情现在有

---

① 杨天国：《现在是拥抱自媒体最好的时机》，出自李晓晔主编：《新媒体时代》，中国发展出版社 2015 年版，第 35 页。

② ［英］菲欧娜·吉尔摩：《钢索上的品牌战士》，刘军等译，中信出版社 2002 年版，第22 页。

衰退”的局面。[1] 它进行了重新定位和资源重组，但“激情衰退”这个“软力量”弱化的问题如何解决，却没有正面触及。直到后来，《爸爸去哪儿》《我是歌手》等节目红遍全国，犹如“银色子弹”再一次照亮了湖南卫视，它才真正找回了曾经的品牌情感特色。

（二）突显品牌个性，保持品牌情感的稳定性

培养受众品牌情感的手段很多，如开展让利活动、调动受众参与体验、个性化的服务等。手段可以不断变化和改进，个性必须坚守。核心的品牌情感不是来自于花样翻新的手段（尽管手段是不可或缺的），而是生发于品牌独有的个性特征；手段可以复制，个性是独一无二的。保持源自于品牌个性的核心情感的稳定性，辅以顺应时代潮流的更新，是培养品牌情感的要旨。

（三）培养受众的认同感

品牌情感需要参与和认同。首先是调动受众参与，在参与中形成一种浸润式传播，在互动中发挥受众的主动积极性和创造性，使他们体验到参与的快乐，留下美好的情感体验。其次是注重认同，不能单纯地表述自己的立场，要在传受互动中表现自己的主张，在交流和分享中获取受众的认同。当然，对于受众异质性较高的传统大众媒体来说，获取认同不是一件容易的事，需要认真地策划和艺术化地表达。对于较为“小众化”的互联网媒体来说，做到这一点更为容易。

（四）正确处理品牌情感和品牌收益的关系

品牌情感是品牌资产的重要组成部分，无疑是品牌收益的主要来源之一。但是，利用长期培养起来的品牌情感谋求短期收益，甚至不惜伤害受众，就只能是“短视”行为，现在仍流行于地市台的“短信陷阱”“声讯电话陷阱”，就是这种行为的集中体现。这种做法不仅与伦理道

---

① 何树青：《湖南卫视非要做成全国概念的电视品牌吗?!》，资料来源：http：//www.sina.com.cn，2003 年 12 月 2 日。

德相悖，还可能造成受众的不信任和受众流失，最终累及品牌，在一个竞争激烈的环境中更是如此。

第五节　品牌重振

品牌的衰落是一个普泛性的现象，有些品牌会慢慢老化，逐渐退出强势品牌行列，有些品牌则可能“盛极而衰”，突然间陷入困境，以致回天乏术。造成品牌衰落的原因很多，有些可能是因为经营管理不当，如缺乏创新、品牌推广不力、传媒组织其他方面的负面影响等，有些则可能是由于产业环境和品牌环境的变化，如消费者品位和偏好的改变、忠诚消费者价值的降低、新的竞争者或新技术的出现，等等。无论由于哪一种原因，衰落的品牌只有两个发展方向：或实施品牌重振战略，复兴品牌，或实施品牌退出战略，让品牌彻底“退役”。有数据表明，一般广播电视节目的平均寿命是 5 年，所以，一些节目（栏目）产品品牌退出，让新的品牌取而代之，是一个普遍现象。但是，强势节目（栏目）品牌和报、台（频道）等层次的品牌，一般来说品牌建设的投入都十分巨大，品牌的潜在价值也往往相当可观，轻易放弃，就可能造成巨大的品牌损失。对这类品牌来说，实施恰当的品牌重振战略，往往能够“峰回路转”，让老品牌焕发出“第二春”。当然，实施重振战略的基本前提条件是衰落品牌具有很大的潜在价值，否则，品牌退出也许是更为合适的选择。

一、品牌重振时机的选择

何时实施品牌重振战略？一种情况是非常容易判断的，所谓“穷则思变”，那就是品牌突然陷入困境时。2012 年前后，湖南卫视的影响力迅速下降，这突出地反映在收视率方面，从长期雄踞全国卫视收视率三甲一度跌落至第 6 位，最低谷时曾落到十名开外。[①] 与之伴随的，是一些著名综艺主持人出走到其他媒体。基于此，湖南卫视在节目研发和主持人打造方面开展了一次战略性的品牌重振活动，使它又重新回到了省级卫视领导者的行列。

更多品牌的老化与衰落是逐渐形成的，表现为一个连续性的过程，没有明显的、阶段性的表征。例如，主要基于技术的原因，广播媒体的出现导致不少报纸品牌衰落乃至死亡，电视媒体的出现又使许多广播品牌逐渐趋于沉寂，而如今，在以网络化、移动化、社交化、个体化为特征的新媒体发展冲击下，四大传统媒体都面临着品牌老化的危机和重振的重任。如何在这种情况下选择品牌重振的时机？世界公认的品牌学权威、西北大学教授大卫·爱格提出，当出现下述情况时，品牌经营应该进行策略性的改变：[②]

（一）品牌认同[③]/执行表达不佳

这种表达不佳可以从品牌关系利益人的兴趣、品牌认知、品牌态度和营销状况等诊断出来。上海卫视自 1998 年 10 开播以来，一直是“不温不火”，其收视率和广告经营额无论与全国其他省级卫视相比，还是与上海的其他电视频道相比，都处于中游偏下水平。上海的观众给了上海卫视一个有趣的比喻：她就像一位知性的女子，自身很完美，但与我

---

① 马小玲：《节目研发：品牌建设的生命线——湖南卫视节目研发模式探析》，《青年记者》2013 年 10 期。

② 参见［美］大卫·爱格：《品牌经营法则》，沈云骢、汤宗勋译，内蒙古人民出版社 1999 年版，第 168 – 170 页。

③ 品牌认同是大卫·爱格在其著作《品牌经营法则》中提出的一个新概念，他对品牌认同、品牌定位和品牌形象做了如下区分：品牌认同是品牌管理者想要人们如何看待这个品牌，品牌定位是经常被品牌管理者拿出来向消费者宣传的品牌认同，而品牌形象是人们如何看待这个品牌。参见［美］大卫·爱格：《品牌经营法则》，沈云骢、汤宗勋译，内蒙古人民出版社 1999 年版，第 39 – 40 页。

无关。[①] 在这种情况下，有关方面开始了重振卫视的“大手术”。

（二）品牌认同/执行过时

例如，长期以来，“大众化”一直是许多传媒品牌致力追求的目标，即使是专业性的媒体，也往往用一个覆盖大众的名字，如财经类报纸中的《中国经营报》《大众证券报》《21 世纪经济报道》等。在如今受众细分的环境下，面对众多定位更为精准的新媒体品牌，这些大众化品牌大多面临着品牌认同/执行过时的困境。如何重新阐释自己的内容定位和受众定位、以一个符合时代潮流的新形象来重振品牌，是不少综合类财经报纸品牌经营的一个重要任务。2011 年，美国威斯康星州出版了 21 年的老牌地方财经杂志 Markerplace 宣布停刊，而该编辑部早在 2008 年就“未雨绸缪”，创建了更适应当今潮流的 Insight，两个财经杂志的“一生一死”也许有偶然原因，但不失为极具有启发性的象征。

（三）品牌认同/执行吸引的市场有限

这一点对于自媒体品牌和专业化频道（频率）品牌来说最为突出。自媒体是一个美好的传说，这几年不少媒体人兼职或专职开办起了自己的自媒体，如微博、微信和公众号，然而，两三年过去了，这些自媒体盈利的不多，难以为继的却不少。表面上看，好像是这些自媒体的运营者精力有限，实质问题则是自媒体所吸引的市场有限——Papi 酱就没有这种问题，这并不是说姜逸磊的精力超人，而是以 papi 酱现有的市场，她可以组建足够大的团队来运营自己的视频。对于专业化频道（频率）来说，虽然“分众化”是一个潮流，但分众后的群体仍然要达到一定的市场规模才有操作价值，即“分众依然是大众”[②]。目前中国广播电视业的地方垄断局面还没有真正打破，在这种情况下，广播电视频道走

---

① 《DragonTV 腾空出世上海卫视剑指东方》，http：//www. dragontv. cn，2004 年 4 月 25 日。

② 李幸：《电视的分众依然是大众——兼论电视与广播、电影的关系》，《新闻大学》2003 年夏季号。

专业化的道路，必然导致一些地方性细分频道市场极其有限，这正是许多地方性专业频道难以为继、沦为低层次“广告频道”的根源所在，传媒产业不太发达的地区更是如此。这些专业化频道在品牌经营上突破上述限制，将是一个很大的挑战。

（四）品牌认同/执行趋于疲乏

一个品牌的认同/执行从以上各方面看可能都是不错的，但在消费者等关系利益人眼中，它可能因较长时间没有变化而趋于疲乏。尤其是传统强势传媒品牌，面对新技术、新环境以及新的传媒形式、新的竞争对手，如何通过变化来引起消费者的注意力和兴趣，既是一种科学，更是一门艺术。

二、品牌重振的实施途径

品牌重振的途径有两个：恢复传统和品牌创新。当然，在现实操作中，两者经常同时使用，重振一个品牌，往往既要恢复失去的优良品牌传统，又必须建构新的品牌资源。

（一）恢复传统

对于有些品牌，“返璞归真”、恢复传统就能够重振其往日雄风。历史是螺旋式发展的，消费者是一个历史的存在，恰当地恢复传统往往能够唤起人们的许多历史记忆，增加品牌的正面联想和形象魅力。对于创新效果不佳的品牌来说，这种途径最为有效。《东方时空》在2000年改版后效果不佳，2001年10月又在很大程度上恢复了原来的面貌。2003年9月18日，美国在线—时代华纳重新起用老名称“时代华纳”，标志也恢复了原样。十几年来，中国的党报深受都市类报纸的冲击，有些党报也试图借鉴都市报的经营模式和谋求发展。近两年，党报重新强化了党的喉舌和舆论宣传主阵地的特质，以其权威性谋求资源，开拓出了一片广阔的天空。

当然，恢复传统不能像挽救历史古迹那样的“恢复旧貌”，而是要结合新的环境，要在传统的基础上有新的发展和提升。《东方时空》在2001年恢复传统的同时保留了一些2000年推出的新节目，时代华纳2003年更名的同时并未将美国在线“扫地出门”。从这个意义上说，恢复传统也是一种创新。

（二）品牌创新

品牌创新包括渐进式创新和革命式变革。[①] 前者是一种常态创新，任何一个品牌在任何时候都面临着常态创新的问题。传媒产品的推陈出新、传媒组织的调整、消费者的变化以及其他环境条件的改变都会影响到传媒品牌，促使品牌进行“微调”，以适应新的发展环境。品牌重振中的品牌创新，主要是指品牌的革命性变革，即传媒组织在品牌老化或衰落的情况下采用一系列战略性创新及其组合，较大程度地改变品牌特性和形象的行为。

这种品牌创新，主要包括以下几个方面：

1. 品牌重新定位。品牌定位是品牌经营的逻辑起点与核心，重新定位是品牌创新和品牌重振最基本的手段。《中国经营报》在1996年的改革、《南方周末》在2002开展的品牌提升运动等，都采用了重新定位的策略。近两年，江苏卫视、浙江卫视、安徽卫视等省级卫视都进行了品牌的重新定位。不过，重新定位是一个“大手术”，新定位的确定和执行不仅花费巨大，而且面临失去原有忠诚消费者的危险，除非现有品牌特别需要，且经过周密的可行性论证，这种策略不宜采用。频繁的重新定位更是品牌经营之大忌，有些传媒组织，换一任主要领导就要进行一次品牌重新定位，这种做法，无论提出多少个理由，都是一种需要反思的行为。

2. 改善品牌形象。任何一个品牌行动都会影响品牌形象。这里所

---

① ［美］凯文·莱恩·凯勒：《战略品牌管理》，李乃和等译，中国人民大学出版社2003年版，第444页。

说的改善品牌形象，是指主动地、策略性地、较为显著地改善品牌形象的品牌行为，如改变商标或标识、色彩等品牌的物质载体、举办意在改变品牌形象的大型推广活动、推出新的品牌口号等。中央电视台的台标由汉字改为“CCTV”，《北京晚报》推出“晚报，不晚报”的品牌口号及相关的一系列品牌推广活动，都是这方面的经典个案。

3. 进入新市场。以品牌扩张或品牌延伸的方式进入新的地域、新的细分市场，是寻找品牌新的生长点、重振品牌的又一个重要方面。当然，正如第三节所说，品牌延伸和品牌扩张是把“双刃剑”，合理使用可能起到重振品牌的作用，稍不留心或遇到意外，它也可能导致品牌进一步弱化并最终死亡。

4. 从品牌系统角度看，对一个母品牌来说，通过其下属子品牌的重新组合也能达到重振品牌的目的。2001 年前后，由于“网络经济泡沫”等原因，时代华纳、迪士尼、威望迪等世界顶级传媒集团都遭遇困境，品牌重组是他们对应困境、重振品牌的重要举措。[①]

近些年，中国传媒产业改变了“只生不死”的状况，不但在结构调整的层面上关停并转了一批媒体组织，相应的品牌多数已不复存在，而且一些经营管理不善、社会效益和经济效益都比较差的媒体也自动退出了传媒产业的舞台。这无疑是一种正确的选择，如果一个传媒品牌已经没有多少资产价值，也没有多少文化价值、国家价值等社会价值，实施品牌退出可能更为合适。或者是一个新的品牌取而代之，或者是该品牌连同所代表的产品、组织一并中止，无论采用哪一种形式，这个品牌都走完了自己的历史征程。随着时间的流逝，它可能成为品牌史中显赫的一页，也可能被众多显赫的历史资料所淹没，变成历史长河中的一颗永远难以引起人们关注的小沙粒。

以上几个方面的要素，既可以单独使用，又能够组合起来使用。在

---

① 周岩：《坚守核心品牌：国际传媒集团的取胜之道》，《中国记者》2003 年第 1 期。

品牌实践中，组合运用更为常见。要创建一个新品牌，品牌定位、品牌推广和品牌延伸具有重要意义。而对于一个健康发展的品牌，不宜做大的变动，但它也不是一个取之不尽的利润之源，常言说，“坐吃山空”，所以要“防患于未然”，品牌的维持和提升仍需要做大量的细致的工作。对这种品牌来说，品牌情感的培养、品牌活动的推陈出新和品牌形象的创新发展，都具有十分重要的意义。

第五章

中国传媒的品牌系统建设

第一节　传媒品牌系统及其管理

一、传媒品牌系统的基本构成及各种品牌在系统中的作用

任何一个传媒组织的品牌都不是相互隔绝的，从系统的观点看，这些品牌构成该组织的品牌系统，系统中的每一个品牌都有不同的作用，扮演着不同的角色。品牌策略家杰弗瑞·辛克莱做过一个形象的比喻："一屋子的品牌就像是一个家庭；每一个都需要一个角色和一份与其他品牌之间的互动关系。"①

品牌系统是一个由母品牌和若干级子品牌共同组成的层级结构系统。以中央电视台为例，"CCTV"是母品牌，下面包括若干级频道品牌和栏目品牌等子品牌。如图 5－1 所示：

---

① ［美］大卫·爱格：《品牌经营法则》，沈云骢、汤宗勋译，内蒙古人民出版社 1999 年版，第 183 页。

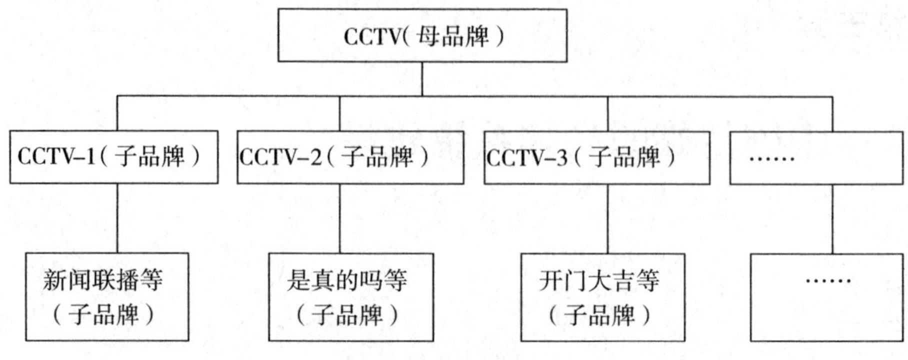

图 5－1　中央电视台品牌系统结构示意图

这些品牌不仅仅是单纯的包含与被包含关系，它们在性质上也不一样，主要可分为组织品牌、分类品牌、产品线品牌等几类，如表 5－1 所示：

表 5－1　品牌层级组织

组织品牌	分类品牌	产品线品牌
CCTV	CCTV－1	《全国新闻联播》
上海报业集团	《新民晚报》	《新民法谭》

当然，并不是每一个传媒组织的品牌系统都必须具备上述几种品牌。例如，在中国绝大多数党报的品牌系统中，产品线品牌的地位都不甚重要。

各个品牌在系统中所起的作用也是不一样的，有些品牌在系统中占有举足轻重的地位，有些品牌则近于报纸版面中的“补白”。其中，最具有代表性的是旗帜品牌、“银色子弹” 和策略品牌。

“旗帜品牌”，即这类品牌就像品牌系统的旗帜一样，代表着系统的品牌个性和主要品牌承诺，也是消费者品牌认知、品牌体验最为深刻的部分。在中央电视台的品牌系统中，“全国新闻联播” 和其他栏目为同一级子品牌，但它在系统中占有至关重要的地位。这不仅体现在它的收视率和广告收益上，更重要的是它代表着中央电视台的权威、质量和信誉。

另一类作用特别突出的品牌被称为“银色子弹”。所谓“银色子弹”，指的是一个子品牌或者一项被界定为品牌的利益，被运用作为一种改变或支持母品牌形象的工具。① 在成立后的一年多时间里，凤凰卫视并没有获得多大的品牌影响力，然而它抓住了 1997 年香港回归和 1998 年“两会”契机，把香港回归转播和“两会”采访当成提升整个卫视形象的“事件品牌”来做，并精心策划推出了吴小莉等名记者，一举奠定了自己在内地的品牌地位。“南丹事件”之于人民网、《非诚勿扰》之于江苏卫视、《中国好声音》之于浙江卫视，都起到了“银色子弹”的作用。

策略品牌的作用和“银色子弹”形成了鲜明的对照，传媒组织推出这种品牌，往往是出于模仿、“抢占货架”等策略性的考虑，有时甚至只是一种暂时的权变行为，并不希望它对整个品牌系统及其主要品牌产生重大的影响。例如，《玫瑰之约》在全国走红之后，许多电视台都采取“搭便车”策略，推出了类似的“速配”节目，从品牌系统角度来看，这类节目绝大多数在相应的品牌系统中属于策略品牌。

二、传媒品牌系统的管理

就中国传媒而言，品牌系统管理的重要性近几年才显现出来。十几年以前，中国大部分传媒组织的品牌结构比较简单，一个报社（或期刊社）只经营一两份报纸（或期刊），这些报纸（期刊）的子品牌也很少。《扬子晚报》就是《扬子晚报》，它是全国晚报的一个典范，保持其品牌个性和在全国晚报中的龙头地位是品牌管理的基本内容。广播电视台的下属频道（频率）虽然不算少，但各频道（频率）真正实施品

① ［美］大卫·爱格：《品牌经营法则》，沈云骢、汤宗勋译，内蒙古人民出版社 1999 年版，第 195 页。

牌管理的并不多。品牌结构相对复杂一点的中央电视台，真正形成品牌效应的也就是几个频道和下属的《全国新闻联播》《春节联欢晚会》《东方时空》《焦点访谈》《综艺大观》等为数不多的栏目。

现在不同了，任何一个大型传媒组织都拥有几个乃至几十个次级媒体组织和其他经营性组织，而且其主要媒体组织都拥有自己的众多子品牌。例如，SMG（上海广播电视台、上海文化广播影视集团有限公司）拥有东方卫视、第一财经、星尚、欢乐剧场等不同层级的品牌，还拥有大量新媒体、院团、俱乐部和其他公司品牌。① 东方卫视等品牌都有自己的子品牌，如《看东方》《东方新闻》《直播上海》《环球交叉点》《双城记》等新闻品牌栏目和《极限挑战》《花样姐姐》《笑傲江湖》《欢乐喜剧人》《金星秀》等综艺品牌栏目。② 品牌系统的复杂化使系统管理的必要性越来越突出了。

品牌系统的管理，已经出现了一些值得关注的先行者。南方报业传媒集团是一个典范。早在世纪之交，该集团就制定了优生优育、多品牌滚动发展的多品牌战略。“打造品牌是一个系统工程，集团上上下下对品牌要有整体的认知度，要通过一系列的策划从各个侧面营造品牌的影响力……要注意处理好‘主品牌’的整体形象与子品牌局部的个性形象的关系。报业集团下属的子报和企业都是集团大品牌下的一部分，集团各报有分工，但必须通力协作营造集团大品牌。”在2002年首届上海传媒高峰论坛上，集团社长范以锦深有感慨且不无得意地说。经过十几年的发展，它已经形成了相对完整、优势互补的品牌系统。根据世界品牌实验室发布的中国品牌500强数据资料，这几年南方报业传媒集团的三大品牌（南方日报、南方都市报、南方周末）均能入围，其总额使南方报业传媒集团在全国报业集团中一直处于仅次于人民日报的领先

① http：//www.smg.cn/review/201406/0163874.shtml，2016年8月30日。

② http：//www.smg.cn/review/channel/channel_ 5/index.shtml，2016年8月30日。

地位。

不过，从整体来看，中国传媒产业的品牌系统建设和品牌系统管理还处于发展的初级阶段，尚有许多工作要做。有专家指出，中国的传媒集团建设存在一种重规模而忽视品牌建设的倾向，① 这一点在品牌系统建设和管理方面更为突出。纵观全国现有的传媒集团，任何一家都能推出几个所谓的强势品牌，但真正能发挥出这些品牌的“协同效应”② 的，就屈指可数了。

所以，加强品牌系统的管理，是中国传媒组织品牌管理十几年来一直存在的问题，不少媒体也做了相应的优化探索。早在 2004 年的经营工作会议上，中央电视台就把“避免央视品牌的分散和削弱”“注重品牌立体开发”作为以后工作的重点进行强调。③ 时任文广新闻传媒集团总裁助理的张大钟强调，“我们把品牌看成是一个体系，传媒集团本身就是一个品牌，在这个品牌下面构建了媒体公司的品牌和媒体产品的品牌，这是一个有机体。”④ 中央电视台和 SMG 尚且如此，其他传媒组织更应该“知耻而后勇”了。事实上，目前传媒集团的重组热、融合热、新媒体热，不少是以整合品牌系统、追求系统的协同效应为出发点的。

如何管理传媒品牌系统？尽管自发的品牌系统也有一定的结构，也能产生一些协同效应，但很难达到系统的最优化状态。随着传媒品牌系统的日益复杂，系统管理也面临着越来越大的挑战。它包括大量的、繁

---

① 徐世平：《“蜕皮时代”：媒体集团的价值取向》，《新闻记者》2003 年第 9 期。

② 协同效应：源自希腊语“Synergos”，原意是“共同工作”。当各单位一起工作产生的价值超过它们独立工作的成果之和时，就意味着产生了协同效应。另一种说法是“当资源连接在一起比单独使用更有价值时，产生协同效应。”参见［美］麦克尔·A·希特、R·杜安·爱尔兰、罗伯特·E·霍斯基森：《战略管理：竞争与全球化》，吕巍等译，机械工业出版社 2002 年版，第 277 页。

③ 参见李晓明：《面向市场　整合资源　开创经营工作新局面——中央电视台经营工作现状、问题及对策》，《电视研究》2004 年第 9 期。

④ 林小勇：《我国影视制作业现状与发展趋势》，《电视研究》2004 年第 1 期。

杂的日常管理工作，如科学区分品牌系统的层级，协调不同作用品牌之间的关系，消除造成混乱的因素，根据市场环境尤其是竞争对手的变化对系统进行微调，等等。

品牌系统管理更需要有远大的目光，实施科学的战略管理。对于一个传媒组织来说，单个子品牌的成败也许影响不大，但整个品牌系统的优劣会对组织的生存和发展产生至关重要的影响。只有实施科学的战略管理，才能不囿于一时一地的得失，保持整个系统的健康发展。单个品牌的管理主要集中在品牌定位、品牌推广、品牌延伸和品牌重振几个方面，品牌系统的管理则要对系统中各个品牌的地位、作用等关系进行分析判断并优化组合。这是品牌系统管理最复杂、最关键的部分。

亚里士多德说过，整体性在本质上必然优先于部分。在一个复杂的环境里经营众多品牌的关键，不是将它们看作个别的表演者，而是看作一个系统中的成员，这些品牌必须彼此支持。一个品牌系统，对于新的产品和品牌而言，可能是进入市场的通道和踏板，而对所有的品牌而言，则是一个根基。为了整个系统得以发展，各个品牌之间要形成一种互惠的关系，而且它们必须支持这个系统，正如同系统给予它们的支持一样。所以，传媒品牌系统的管理要站在战略的高度，分析传媒组织的内外部环境，对系统各个品牌进行分析、权衡、协调和组合，以最大限度地发挥所有品牌的“合力”。

第二节　传媒品牌系统的模式选择

每个品牌系统内部的品牌数量、品牌层级的多少、各种性质和作用品牌的多少及其组合，都是不同的。例如，中央电视台和湖南广播电视台在这些方面有明显的不同，上海报业集团和羊城晚报报业集团也相差甚远。所以，任何一个传媒品牌系统都与其他品牌系统不同，都是不可复制的。同时，也应该看到，许多传媒组织的品牌系统在外部环境和内部构成上有诸多相近之处，存在着共同的结构原则和运作规律，系统模式就是对这些原则和规律及其互动关系的抽象总结和规律化概括。按照多伊奇的观点，模式具有构造、解释、启发和预测四大功能，[①] 所以，系统模式的选择不仅是传媒品牌系统管理的重要内容，而且是传媒品牌系统管理的重要工具和基本立足点，具有十分重要的意义。

一、传媒品牌系统模式的分类

根据视角的不同，传媒品牌系统的模式有两种分类方法。

（一）根据组织品牌和产品品牌在系统中的地位与作用来划分，模式有三种：以组织品牌为主的模式、以产品品牌为主的模式和混合型模式。

1. 以组织品牌为主的系统模式。顾名思义，以组织品牌为主的模式就是以传媒公司等组织的组织品牌为主导的模式。与其他国家的情况相同，中国绝大多数广播电视组织采用的是这种模式，绝大多数服务性质的公司，如广告公司、媒体咨询公司等，也采用这种模式。在这种模式中，组织品牌（母品牌）在系统中占有绝对的主导地位，一般情况下，它往往成为系统的旗帜品牌，其影响力覆盖组织的每一个子品牌和产品。当然，这并不是说其他品牌在系统中无足轻重，母品牌和它们之间是一种主导和支撑的关系，母品牌犹如屋顶，各级子品牌则是墙体和基石。如图 5－2 所示：

① 参见［英］丹尼斯·麦奎尔、［瑞典］斯文·温德尔：《大众传播模式论》，祝建华、武伟译，上海译文出版社 1997 年版，第 2－4 页。

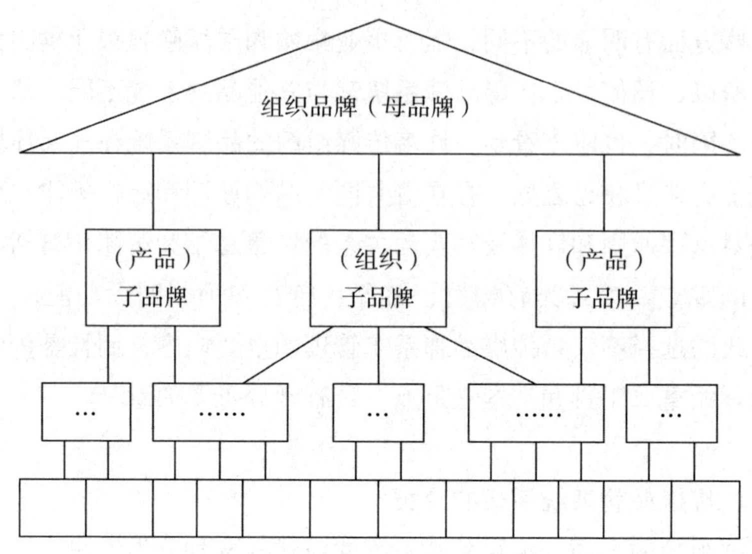

图5－2　以组织品牌为主的品牌系统模式示意图

这种模式最简单的表现形式是单一品牌：一个组织只有一个品牌，这个品牌覆盖所有的产品和服务。这种形式的优点是品牌经营管理费用小，有利于形成鲜明的品牌个性，也便于消费者认知，主要适用于产品或服务品种少、消费者同质性高的传媒组织，规模不大的广播电视组织、广告公司等常常选择这种系统模式。例如，不少地市级广播电视媒体只有一个品牌，其栏目（节目）多采用通用名称，如晚间新闻、电视剧场等，不能称之为品牌。

这种模式比较复杂的结构常常为较大型的传媒组织所采用，它一般有几个品牌层级，普遍采用双品牌策略。仍以中央电视台的品牌系统为例，“CCTV”是母品牌，下属频道品牌都采用主副品牌形式，如“CCTV－1”“CCTV－2”“CCTV新闻”等；下一级的节目品牌，也受到“中央电视台”这个品牌的强大影响。且不说“央视春晚”这样的特殊个案，地方电视台在转播《全国新闻联播》时，“CCTV”台标是不能去掉的，足见“CCTV”对节目品牌的强大影响力和主导作用。中央电视台下属的其他品牌，也常常把“中央电视台”“央视”等放在名字或其他显著位置，如“央视—索福瑞”“CCTV. com”、央视影音等。

以组织品牌为主的系统模式容易发挥传媒组织和组织品牌的强大影响力。当传媒组织处于不可取代的地位，且这种不可取代性具有积极效应的时候，这种模式最为适合，这正是许多广播电视组织采用这种系统模式的主要原因。一些有着优良传统和良好声誉的传媒组织，也可采用这种模式。这种模式最大的缺点是实施战略转型比较困难，20 世纪 90 年代前期，《光明日报》《经济日报》等报业（集团）组织利用其传媒组织的强大影响力，取得了长足的发展，但是，到了世纪之交前后，由于行业调整和竞争环境的变化等原因，其品牌系统明显呈现出老化迹象，至今没有多大起色。

2. 以产品品牌为主的系统模式。这种模式中组织品牌的作用常常被弱化，整个品牌系统是以产品品牌为主干架构起来的。对传媒组织的经营管理者来说，这种品牌系统各个产品品牌之间有着复杂的关联和互动，必须认真经营管理，但在消费者的品牌认知和品牌记忆中，它可能表现为一个或几个关系不太紧密的品牌体系。如图 5 – 3 所示：

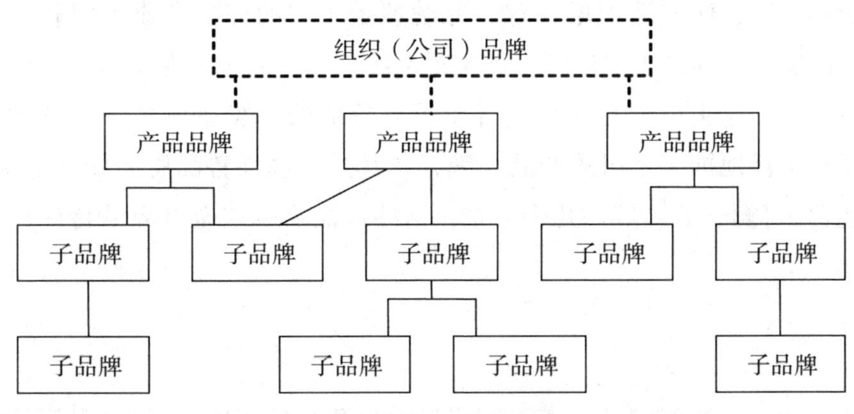

图 5 – 3　以产品品牌为主的系统模式示意图

例如，南京日报报业集团采用的就是以产品品牌为主的模式。不知道有意为之、疏忽还是无奈之故，这个集团的名字近来该怎么称呼都让人难以捉摸。[①]《金陵晚报》和龙虎网是南京日报报业集团的两个重要品牌，在南京消费者当中有很高的知名度和影响力，但它们和南京日报报业集团的关系，一般消费者不一定十分关注。在南京日报报业集团，《南京日报》《金陵晚报》、龙虎网、南京报业网等及它们下属的栏目品牌等共同构成了整个组织的品牌系统。对集团品牌管理者来说，这一系统在报刊品牌种类、消费者细分、特色栏目的互补、集团资源的分配等方面存在着千丝万缕的联系，必须作为一个系统进行认真管理。但是，在消费者的品牌认知和品牌体验中，这些报刊品牌之间的联系可能非常微小，甚至呈现为几个相互独立的品牌。

3. 混合型系统模式。混合型模式常常为一些实力较强、结构较复杂的传媒公司或传媒组织所采用，迪士尼、时代华纳、维亚康姆等全球性传媒集团，采用的都是这种模式。它的优点是能够发挥传媒组织（公司）品牌的强大效应，又能不失时机地迅速做大一些产品品牌，以获得最大的品牌收益。如果这两个方面能形成良性互动，那将是品牌经营的一种理想状态。半个多世纪以来，迪士尼公司持之以恒地推广自己的公司品牌，使“迪士尼”这一品牌覆盖了它的许多产业组织和它所提供的服务，如迪士尼乐园、迪士尼动物王国、迪士尼专卖店、迪士尼网站等，“迪士尼”也成为世界上最有价值的传媒品牌之一。[②] 同时，它还有选择地推广公司的产品品牌，尤其是一些强势品牌，如米老鼠、唐老鸭、《狮子王》等。几十年来，这些产品品牌在全世界的特许经营

---

① 是南京日报报业集团还是南京报业传媒集团？似乎该组织自己在使用上都有不统一的地方。打开南京报业网，其他主办单位如《南京日报》《金陵晚报》等都能打开链接，唯独“南京日报报业集团”链接打不开（http：//www.njnews.cn/）！这里姑且使用“南京日报报业集团”的说法。

② 在近几年 INTERBRAND 发布的“世界最有价值品牌排名”中，迪士尼一直稳居前十名之列，也是进入前十名的唯一传媒品牌。

一直长盛不衰，为公司提供了持续的长期财源保证。[①] 这种模式的缺点也是非常明显的。首先，品牌推广费用巨大，“双管齐下”需要有持续的大量的资金做保证。其次，组织（公司）品牌和产品品牌的关联度高，一旦一个大力推广的产品品牌没有成功，很可能累及长期建立起来的公司品牌形象。迪士尼投资网站 Go. com 的失误就是典型的例证。[②]

由于资金不足等方面的原因，混合型模式在中国传媒产业还没得到广泛运用。不过，也有较成功的个案，如光线传媒有限公司，它的“e”商标广为人知，公司品牌推广力度也十分突出。同时，光线传媒还着力打造节目品牌，《娱乐现场》《音乐风云榜》等节目都是全国性的知名品牌。近两年，中央电视台打造和推广节目品牌的力度不断加大，它正在从以组织品牌为主的模式向混合型模式转化。可以预测，随着中国传媒产业的发展，混合型模式将越来越成为传媒组织品牌经营的重要选择。

（二）以各个子品牌在品牌系统中所占比重来划分，品牌系统有两种模式：核心品牌领先模式和多品牌并重模式。

1. 核心品牌领先模式。核心品牌领先就是传媒组织重点发展品牌系统中的一两个品牌，同时带动其他品牌共同发展的系统模式。当传媒组织中品牌之间的差距较大，一个或两个品牌特别突出的时候，这种模式比较适合。如图 5 – 4 所示。

---

① 在《福布斯》2003 年全球 10 大虚拟人物财富榜中，迪士尼的小熊维尼和米老鼠分别以 59 亿美元和 47 亿美元列前两位，远远高于其他上榜者。参见煌韬：《并非神话：虚拟人物成为亿万富翁》，《国际广播影视》2004 年第 3 期。

② Go. com 于 1998 年建立，2001 年初关闭。迪士尼的这一战略举措的失误主要体现在盲目跟风和目标过大上，网站于互联网经济高峰时建立，先后投资 8. 2 亿美元，欲与 Yahoo 等顶级门户网站一决高下，结果运行不佳，激情便“一落千丈”，在互联网经济低潮时全盘撤出。此后不久，互联网经济就出现了复苏迹象。

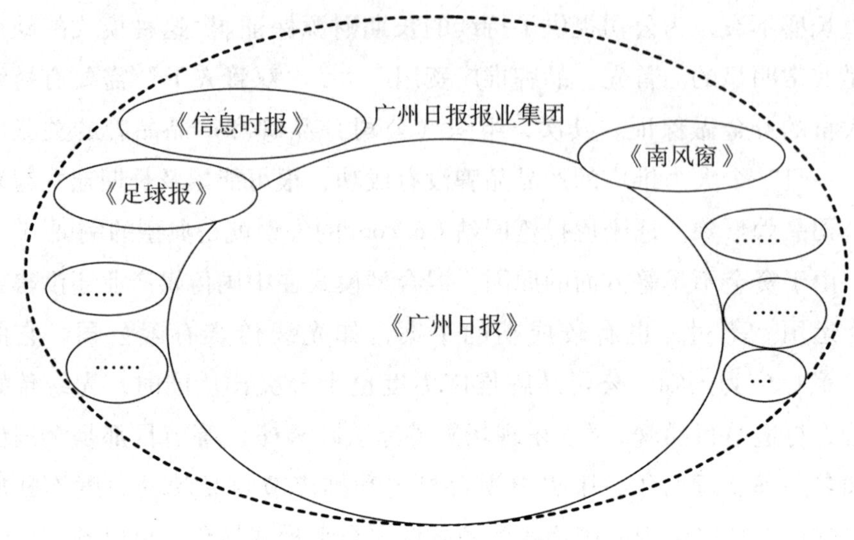

图 5－4　广州日报报业集团的核心品牌领先模式示意图

核心品牌可以选择覆盖组织所有子品牌和产品（服务）的组织品牌，也可以是系统中的一个或两个子品牌。

前一种情况和以组织品牌为主的系统模式在对象上有很大重合，但视角不同，在现实竞争环境中的意义也不一样。比如，当同一市场中的竞争对手采用以组织品牌为主的模式而且品牌地位难以撼动的时候，一个传媒组织要实行错位竞争，就不宜采用相同的策略，但这并不意味着它不能采用核心品牌领先战略。在民营公司娱乐节目制作市场上，光线传媒是占据领先地位的组织品牌，欢乐传媒以《欢乐总动员》为主打产品品牌，照样闯出了一片天地。

以一两个子品牌为核心品牌的领先模式在中国更具有普遍性，绝大多数报刊组织采用的是这种模式，如人民日报社、广州日报报业集团、羊城晚报报业集团、北京青年报社等。

在这种系统模式中，核心品牌占据绝对统治地位，它可能覆盖不了所在传媒组织的所有子品牌，但在品牌影响力等方面遥遥领先于其他子品牌，对品牌系统运行状态和发展动向的支配作用也非常明显。相对而言，其他同一层级的品牌一般为策略性品牌，虽然它们对整个品牌系统来说必不可少，但影响力非常有限。例如，在广州日报报业集团，《广州日报》一枝独秀，虽然集团也有大洋网、《信息时报》《足球》报等多个其他子品牌，但都是集团基于行业竞争等原因推出的策略性品牌，处于明显的附属地位，即使公认的政经类杂志翘楚《南风窗》，在整个品牌系统中的作用也十分有限。

2. 多品牌并重系统模式。采用这种模式并不是说传媒组织对品牌系统中的每一个子品牌都“一视同仁”，在资源配置等方面平均分配，吃“大锅饭”，而是组织要选择系统中几个实力较强、潜力较大的品牌，力争多点开花，以形成多个主要品牌广泛覆盖、均衡发展的系统格局。时代华纳、新闻集团等全球性传媒集团，采用的都是这种发展模式。在中国，南方报业传媒集团、上海报业集团等是这方面的典型代表。南方报业传媒集团实行优生优育、多品牌滚动发展战略，现在已经形成了以《南方日报》《南方都市报》《南方周末》等为主要品牌、多品牌并重发展的品牌系统。如图 5－5 所示。

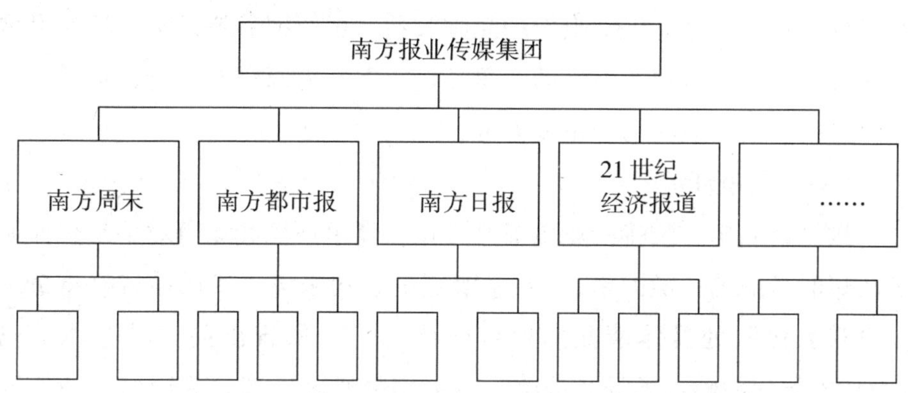

图 5－5 南方报业传媒集团的多品牌并重模式示意图

需要指出的是，无论选择哪一种系统模式，都不能走极端。俗话说，物极必反，现在有些传媒组织或贪大求全，或为了短期收益，盲目扩大自己的品牌数量，结果造成品牌系统失调，管理混乱，这种做法是不足取的。还有一些组织过分依赖单一品牌，而且这个品牌难以带动其他品牌的成长，也潜藏着很大隐患。

二、影响系统模式选择的主要因素分析

应该选择哪一种系统模式？模式本身没有好坏之分，只有与具体传媒组织相结合才有意义。就模式谈模式，夸大某一种模式的优点、对其缺点视而不见或避而不谈的做法是相当危险的。前几年，中国传媒产业快速扩张，不断“做大”，多品牌并重模式备受青睐，不仅许多传媒管理者“志向远大”，颇有要把多个品牌都做成强势品牌乃至全国性品牌的气概，不少学界论者也推波助澜，并且经常拿南方报业传媒集团做例证。其实，每一种系统模式都可以找到几个典范个案，中央电视台采用核心品牌领先模式，十多年来一直稳坐电视行业的头把交椅，虽然不能把它的业绩完全归功于品牌系统，但其品牌效应是有目共睹的。

选择适合传媒组织品牌系统的模式，是一个基于长远发展考虑的战略工程，它既要考虑组织眼下的品牌收益，更要把品牌系统的长期发展放在首要地位。组织所面临的竞争环境、组织内部资源状况，是模式选择时必须重点考虑的两个重要方面。

（一）竞争环境

按照迈克尔·波特的竞争战略理论，竞争环境和竞争对手是企业制定战略时考虑的关键因素，“对于既定的公司来讲，其最佳战略将最终是反映公司所处具体情况的独特产物”。[①] 他所推出的三种基本战略（总成本领先战略、差异化战略、目标集聚战略）都是为应付企业所面临的五种竞争作用力制定的。虽然自20世纪90年代以来，波特对产业竞争环境的强调受到了不少人的质疑和挑战，但战略决策必须考虑竞争

---

① ［美］迈克尔·波特：《竞争战略》，陈小悦译，华夏出版社1997年版，第33页。

环境，已经成为人们的共识。

1. 竞争者分析。组织的主要竞争者有哪些？他们采用的是什么系统模式？他们的强势品牌是什么？他们的品牌系统有哪些优势和不足？他们有什么资源优势？可能进入的潜在竞争者有哪些？

2. 市场能力和市场细分。组织参与竞争的市场有多大？市场增长率有多大？市场潜力怎么样？现在的市场有哪几种细分方式？还有哪些细分方式和细分空间可以开发？

3. 合作者分析。可能的品牌合作者有哪些？可能与哪些品牌进行合作？他们有什么动态和意向？合作对自己的品牌系统有什么帮助？现有合作者以及合作品牌对自己的品牌系统有多大作用？

（二）组织内部资源状况

1990 年，美国学者加里·哈梅尔和 C. K. 普拉哈拉德在《哈佛商业评论》上发表了划时代的论文——《公司的核心竞争力》，提出了著名的“核心竞争力（Core Competence）”概念以及建立在这一概念基础上的“核心竞争力战略”。此观点一经提出，就得到了学术界和企业界的广泛认同。① 与迈克尔·波特等学者强调产业环境不同，加里·哈梅尔和 C. K. 普拉哈拉德更重视组织内部资源和能力的作用。在他们看来，在产业融合和全球化的大背景下，外部环境变化莫测，企业制定战略不仅要考虑外部环境因素，更要基于组织内部资源，培养自己的竞争能力，尤其是组织独特的、具有不可复制性的核心竞争力。这种主张虽然还不足以遮掩波特的产业竞争理论的光辉，但至少它为战略管理增添了新的思考维度，使战略管理者的目光重新回到了组织内部，去关注组织本身资源和能力的分析与开发。

选择传媒品牌系统的模式，必须基于传媒组织内部资源的考察，尤其是品牌资源和产品资源、人力资源、历史因素等方面的分析与合理

① 周三多、邹统钎：《战略管理思想史》，复旦大学出版社 2003 年版，第 348 – 349 页。

运用。

1. 品牌资源。组织现有哪些品牌？相对的强势品牌有哪几个？各个品牌之间的关系如何？各个品牌在现有系统中的地位怎么样？品牌系统的结构和运营状况如何？哪些品牌具有发展潜力？哪些品牌对品牌系统有决定性影响或具有此类潜质？

2. 产品资源。组织里的哪些产品适于进行品牌经营？各个品牌与相关产品的关系如何？哪些产品具有品牌经营的上升空间？产品结构和现有品牌系统的匹配情况如何？适宜品牌化的新产品如何纳入现有品牌系统？

3. 人力资源。组织的品牌经营管理人员现状如何？相关的其他营销、管理人员关于品牌的知识结构和态度是怎样的状况？他们对品牌和品牌系统有何想法和建议？

4. 历史因素。各个品牌的历史沿革、品牌系统的发展历程等因素，都必须予以考虑。

此外，品牌系统涉及的各个品牌关系利益人的期望也是一个重要的因素。例如，从中国传媒组织发展历史来看，政府的期望和决策在传媒品牌系统的形成过程中往往起着关键性的作用，媒体在选择系统模式时，必须考虑到这一情况，才能保持与政府的和谐关系，以便自己的品牌系统决策能够顺利付诸实施。

三、个案分析：南方报业传媒集团的品牌系统模式

在中国传媒组织品牌系个案中，南方报业传媒集团的品牌系统是非常具有代表性的一个。从组织品牌和产品品牌在系统中的地位来看，它属于混合型，从各品牌在系统中所占比重来看，它属于多品牌并重型，所以，我们可以把它概括表述为混合—并重型。（见图 5－5）根据集团前社长范以锦的说法，集团十几年前就开始实施多品牌发展战略了。

“我们早在 2002 年就已开始实施品牌战略。”范以锦如此梳理其品

牌战略的思路：

一是从单一的新闻竞争和打价格战转到塑造媒体品牌的竞争上来。

二是从单一媒体品牌的竞争转到媒体多品牌的竞争上来。

三是从单纯的媒体品牌战略转到该品牌可能延伸到的各个领域，在延长的价值链上获益。

实行“龙生龙，凤生凤”的优生优育的模式，催生多品牌滚动发展。

“立体化打造品牌：以‘南方报业’品牌为轴，平面媒体、网络媒体、移动媒体、文化出版、文化会展、文化实业和传媒的公益活动为核心，立体打造文化传播的七色彩虹。”①

南方报业传媒集团为什么采用这种品牌系统模式？显然，这不是自然天成、“无为而治”的结果。我们认为，它采用这种模式，主要基于以下几个因素。

1. 在其主要市场——广东尤其是广州报业市场上，南方报业传媒集团在产品品牌竞争方面有两个强有力的竞争者——《广州日报》和《羊城晚报》，尤其是前者，在品牌影响力、广告收益等很多方面处于领先地位。开拓新品牌，实施品牌的差异化竞争，占领市场中未被充分开发的空间，是南方报业传媒集团不得不如此的一个选择。《南方都市报》《21世纪经济报道》的迅速崛起，正是南方报业传媒集团瞄准当时的市场发展空间、努力开拓的结果。

2. 从组织内部资源来看，南方报业传媒集团不仅有《南方日报》这样的党报品牌，它还有一个宝贵的品牌财富——《南方周末》。这两个品牌的强大影响力，为集团的新生品牌提供了一个较高的发展起点。从市场范围、销售渠道等方面来看，《南方日报》在广东市场、《南方

① 肖景辉：《拿什么铸就品牌丰碑——访南方报业传媒集团管委会主任范以锦》，《传媒》2006年第7期。

周末》在全国市场为新品牌的创立和发展搭建了很好的发展平台和进入通道。相对于广州日报报业集团和羊城晚报报业集团，南方报业传媒集团在这方面的优势是非常明显的。

3. 从品牌名称来看，“南方”是一个比较大的区域概念，概念的弹性也很强，便于品牌延伸和品牌拓展，毕竟，改革开放以来，“南方”不仅仅是一个方位名词，它某种程度上是改革、开放、搞活、经济发展的象征。《南方日报》《南方都市报》《南方周末》《南方体育》《南方人物周刊》等带有很强的品牌延伸意味，而且后几个品牌突破了地理上的“南方”概念，尤其是《南方周末》，成功地拓展到了全国范围，成为全国周报品牌的领导者。可以说，该集团能够实行混合—并重型系统模式，“南方”这个主要品牌概念“功不可没”，虽然《南方日报》当初命名时不一定有这种初衷，但它确实起到了这种作用。这就是历史，它可能是一种巧合，却是一个不折不扣的机遇，南方报业传媒集团很好地抓住了它。相对而言，广州的另外两大报业集团就受到很大限制，“广州（日报）”“羊城（晚报）”都是局限于一个城市的概念，不但实施品牌延伸有很大困难，向广州市以外的其他广东市场拓展也不方便，更不要说全国市场了。事实上，这两个报业集团的其他子品牌基本上都没有沿用主品牌的核心概念。

4. 从品牌关系利益人角度来看，《南方日报》是广东省的省级党报，能够在全省范围内争取各级政府的支持，实现品牌的地域性扩张。《南方周末》的消费者多是知识分子，其中不少属于“意见领袖”，“二次传播”能力很强，这种消费者构成不但有助于《南方周末》在全国的发展，而且为《南方人物周刊》《21世纪经济报道》等品牌包括母品牌南方报业传媒集团在全国的发展创造了很好的便利条件。

总之，南方报业传媒集团采用混合—并重型品牌系统模式，并不是因为这种模式本身是最好的，而是因为它最适合该集团的各种主客观条件，有利于发挥集团的优势。经过多年的发展，南方报业传媒集团的品牌系统本身已经成为其他传媒组织不可复制的核心竞争力，这是该集团品牌经营最成功、最令人羡慕的地方。

当然，这并不意味着南方报业传媒集团可以高枕无忧。首先，与同一主要市场分别以《广州日报》《羊城晚报》为核心品牌的其他两大报团相比，它的品牌管理最为复杂，不确定性因素最多，管理难度也最大，必须时刻关注产业环境和自身条件的变化，及时地做出战略调整，才能够保持自己的品牌优势，进一步壮大自己的品牌实力。其次，新媒体的发展给它提出了新的挑战。该集团 2010 年就提出了向全媒体转型的思路，为了配合这一思路，集团在反思多品牌发展战略的基础上，进一步提出了媒体聚合战略。[①] 然而，由分到合，不是一步而蹴的，而且，采用聚合战略的基础和优势在哪里，该集团也没有给出具有说服力的答案。变与不变的平衡与协调，将是南方报业传媒集团必须认真对待的一个问题。

第三节　传媒品牌系统模式的实施路径

传媒品牌系统的模式选择，只是确定了品牌系统发展的战略架构，如果不能找到实施的可行路径，这种架构无异于海市蜃楼，对组织的发展有害无益。

一、可供选择的实施路径

可选择的实施路径很多，主要有以下几个：创建、合并、收购、品

① 周燕群、王武彬：《南方报业全媒体转型的思路与做法——专访南方报业传媒集团董事长杨兴锋》，《中国记者》2012 年第 3 期。

牌合作以及品牌重组。

（一）创建

创建是中国传媒组织尤其是国有媒体最主要的实施路径，绝大多数广播电视和印刷出版组织的品牌系统是靠自身力量慢慢创建起来的，许多国有经营性传媒组织以及民营组织也是这样发展起来的，如光线传媒有限公司。

之所以出现这种情况，是我国传媒业的性质和历史发展情况所决定的，对许多传媒组织来说，这几乎是一个没有余地的选择。第一，中国的传媒行业是一个受限行业，不仅广播、电视、报纸、杂志等四大传统媒体，具有新闻报道权的互联网媒体也是受限制的，不可能在市场上自由买卖或合并。第二，中国传媒产业的跨行业跨地域发展虽然历经多年，但因受到多种力量的影响，迄今仍旧步履维艰。第三，大多数传媒组织属于事业性质，自身缺乏大量资金，又不能在市场上融资。同时，中国许多传媒组织的行政色彩和地域文化色彩十分强烈，创建能够避免对现有传媒组织及其品牌系统的破坏或激发各种矛盾斗争。当然，从历史层面看，相对较大的市场发展空间，也是创建路径在中国非常流行而且十分有效的主要原因。

南方报业传媒集团是创建的典型代表，它从《南方日报》一个品牌做起，20 世纪 80 年代延伸出《南方周末》，90 年代创建了《南方都市报》《城市画报》，迈进新世纪后，它创建了《21 世纪经济报道》《21 世纪环球报道》等品牌，依靠内生性的滚动发展，集团建立起了相当完整的品牌体系。

创建的优点是十分明显的，它便于保持品牌系统风格的完整性和延续性，有利于组织内部的品牌学习与沟通，而且能够确保品牌产权的完整，独占品牌的升值空间。创建的缺点是发展相对较慢，向不相关产业拓展比较困难，在一个比较成熟的传媒市场上，创建常常要和其他路径相结合，才能取得更好的实施效果。

凤凰卫视有限公司一直坚持以创建为主的发展路径，不但成功实现了公司产品线的延伸和覆盖地域的扩展，而且推出了一批知名主持人和著名栏目，形成特色鲜明、结构完整的品牌系统，其品牌经营的成绩，曾得到了海内外人士的一致好评。[①] 不过，近几年该公司在新品牌开拓方面表现不佳，它虽然仍旧保持在中国电视传媒品牌的第一阵营，但发展势头已经明显减弱了许多。

（二）合并

合并指的是两家传媒组织在相对平等的基础上将相互的业务进行整合。一般来说，双方拥有的资源合在一起可能比各自独立发展产生更强的竞争优势，这也往往是合并的初衷。不过，要做到这一点，合并必须具备两个条件：优势互补和产生“规模效应”。否则，合并只会增加组织内部的交易成本，造成事与愿违。作为传媒组织资源和无形资产的一个重要组成部分，品牌系统在传媒组织合并时必然合二为一，发生量的变化和质的改变，所以说，合并是优化传媒组织品牌系统的重要路径。

不过，从严格意义上来说，合并既是实现品牌系统战略目标的手段，又是导致组织品牌系统调整乃至重建的主要原因。对合并前的两个组织来说，合并是实现其品牌系统优化的重要举措，对合并后的新组织来说，原有两个组织的品牌系统转变成了新组织品牌系统的组成部分，它必须制定新的品牌系统结构体系。一般来说，新组织不会原封不动地采用先前任何一个组织的系统框架，往往是在原有两个系统的基础上，

① 1999 年 1 月，凤凰卫视中文台被《新周刊》评为年度传媒；同年 10 月，被盖洛普调查公司选为中国最知名品牌之一，是唯一入选的传媒机构；2000 年，被《新周刊》评为传媒业的“新锐”机构；2001 年，根据北京美兰德信息公司的调查，被观众评为“最具影响力的商业华语卫视”；2002 年，在央视市场研究股份有限公司公布的《全国卫星频道满意度评价指标年度总排名》中，凤凰卫视中文台的综合指数列第三名；2000 年、2001 年、2002 年和 2003 年四度入选《亚洲周刊》国际华商 500 排行榜。国务院前总理朱镕基、美国前总统克林顿等都在公开场合对凤凰卫视做过正面评价。另外，卫视总裁刘长乐、不少节目和主持人也受到了业内人士和观众的极高评价。

依据新的环境条件和内部资源，制定出新的品牌系统框架。当然，建构新的品牌系统是一个复杂的、均衡各方面利益的整合过程，也是合并达到预期目的的一个关键环节。许多研究显示，全球70%到80%的合并都没有达到预期的效果，显然，品牌整合能够成功的，也不会多于这个比例。

即使是预期很好的合并也未必能达成好的结果。时代华纳和美国在线的合并被许多专家学者一致看好——“这种交易的商业逻辑是完美无缺的：美国在线拥有了时代出版帝国和美国有线电视新闻网的电影、音乐和电视以及华纳兄弟、时代华纳有线电视和更多的内容资源，而时代华纳获得了世界上最大的网上和电子商务的平台”。① 时代华纳和美国在线都拥有强大的品牌系统，但是，合并后的美国在线—时代华纳迟迟未能推出新的品牌发展战略，公司的前景和发展方向令人难以捉摸。结果，不但“强强联合”的规模效应和优势互补没有出现，而且公司股值一落千丈。直到2003年底，公司恢复了时代华纳的旧称，明确了发展方向和发展重点，才基本上度过了合并后的危险期。

中国的不少大型传媒组织是合并的产物，通过合并，这些传媒组织拥有了相当强大的品牌资产，为集团的品牌经营打下了很好的基础。不过，它们的形成多是政府“做媒”或政策推动的结果，其下属品牌往往仍旧是“各自为战”，难以形成行之有效的集团品牌系统。当下，不少传媒集团借媒介融合的东风进行整合与重组，如上海报业集团，但愿这次整合重组浪潮能够使传媒集团发挥出它们的品牌资源优势，迎来中国传媒品牌新一轮的质的提升。

（三）收购

在这里，收购是指一家公司购买另一家公司的部分或全部股权，将其

① ［英］格朗维尔·威廉斯：《卖掉网络空间》，见［英］史蒂文·拉克斯编：《尴尬的接近权：网络社会的敏感话题》，禹建强、王海译，新华出版社2004年版，第217页。

业务和资源或其中的一部分纳入自己公司的行为。并不是所有的收购行为都涉及品牌交易，例如，一家公司收购另一家公司的技术或销售渠道，就可能不涉及品牌问题，不过，收购其他品牌企业或企业中的知名品牌，越来越成为实现收购者品牌战略的一个重要路径。新闻集团是一个典型的个案，从20世纪60年代末期到现在，它持续不断地在世界各地实施收购行为，其中不乏全球性的和区域性的强势品牌，如《泰晤士报》《太阳报》《电视指南》《南华早报》、哈珀·柯林斯出版社、20世纪福克斯影业公司、《华尔街日报》等。

与创建相比，品牌收购最大的优势是能够以较快的速度获得公司需要的品牌和市场，同时，它能够根据公司的战略需要有选择地购买适宜于本公司品牌系统的品牌和业务，不一定像合并那样“大动干戈”，以一个新公司的面目“从头再来”，相应地，需要承担的风险也小一些。

民营传媒公司是采用收购手段最多的传媒组织。星美传媒是一个典型的代表，从2001年以来，星美传媒先后以收购方式将北京华夏文化传播有限公司、飞腾制作有限公司、阳光卫视、《成报》等大陆和香港的传媒品牌招致旗下，品牌实力与日俱增，2004年9月28日，经北京市工商行政管理局批准，民营性质的星美传媒集团有限公司正式成立。[①] 马云近两三年通过阿里巴巴收购了十余家媒体，以致“马云的传媒帝国”一时间成为沸沸扬扬的话题。为了更好地进军新媒体领域，国有传媒公司也加快了传媒品牌收购的步伐，南方传媒、电广传媒、粤传媒等近年来频频做出了数亿甚至十几亿交易额的收购行为。

（四）品牌合作

品牌合作是一种比较灵活的经营手段，它可以根据组织的需要采用多种形式，近些年在国际上倍受青睐（见表5-2）。

① 资料来源：星美传媒网站（http：//www.xmcm.com）2005年2月8日。

表 5-2 品牌合作的形式

合作的形式	通道合作 机会性联盟	特许经营	合资 联营
合作的性质	松散的时常关系	契约关系	正式的所有关系
品牌的管理	分别管理	许可方管理	联合管理
案例	迪士尼与麦当劳 的合作	《花花公子》 的特许经营	东方卫视与欢乐 传媒的合作

1. 通道合作和机会性联盟

这种合作常常集中于某一特定业务或项目，例如，2016 年里约奥运会期间，中央电视台和今日头条合作传播奥运赛场的短视频。这种合作对某一品牌的经营会有所帮助，甚至可能产生较大影响，但对品牌系统发展来说，不是一条主要的途径。不过，一些长期的、比较稳定的通道合作，对品牌系统的发展还是很有价值的。如迪士尼和麦当劳的合作就是一个具有战略远见的品牌合作，迪士尼的娱乐项目带动了麦当劳欢乐快餐的销售，而在世界范围内数以千计的麦当劳快餐店为迪士尼公司提供了独特的产品销售渠道。①

2. 特许经营

特许经营是一种非常重要的品牌合作形式。对许可方来说，特许经营是品牌系统发展的一个主要手段，除了获得许可费收益以外，通过这种方式还可以扩大核心品牌的地位和影响、快速放大策略性品牌的“银色子弹”效应，等等。对于被许可方来说，它可以通过特许经营借用别人的强势品牌进行品牌化经营，获取经营收益，但对自有品牌系统来说，这种方式几乎没有什么帮助，有时还可能造成一定的负面影响。从世界范围来看，杂志业的特许经营最为发达，尤其是全球性的特许经营，是 IDG（国际数据集团）、《读者文摘》《国家地理》等传媒集团

① 参见［美］L. 维森特：《传奇品牌：诠释叙事魅力，打造制胜市场战略》，钱勇、张超群译，浙江人民出版社 2004 年版，第 218-220 页。

打造全球化品牌帝国的重要手段。至于传媒产业运用特许经营手段向饮食、服装等行业发展，就更普遍了，迪士尼、时代华纳、HBO 等公司都是这方面的运作高手。

3. 合资与联营

合资即合资双方保持相互独立，共同建立一个联合拥有的新企业的行为。联营是若干组织为了同一目标、业务或项目成立的合营组织。①这两种合作形式便于合资者实现优势互补，建立起共同拥有的企业和品牌，丰富自己的品牌体系。在中国，长期的事业性质和区域特征限制了这种路径的发展，但随着传媒产业属性的不断确立和跨地区、跨媒体、跨行业政策的逐步落实，合资与联营近年得到了快速的发展。国内传媒组织合作的“第一财经”，中外合作性质的中影华纳横店影视有限公司等，是这方面的突出代表。

品牌合作是传媒组织跨越技术、内容、地域局限等资源障碍完善自身品牌系统的重要手段，也是实现品牌系统调整和转型的重要路径。但是，合作都是建立在相互信任或契约基础上的，具有相当的不稳定性。一个传媒组织要实现其品牌系统的战略发展目标，过分依赖品牌合作是相当危险的，也就是说，合作是重要手段，但不是基石，组织自身的资源和能力，才是系统发展的核心动力源，也是与其他组织开展合作的重要资本。

（五）品牌重组

有时候，传媒组织现有的品牌资源已经相当丰富，但这些品牌没有形成一个有机的、能够发挥协同效应的品牌系统，有时还可能出现相互矛盾的“内耗”现象。在这种情况下，最需要的是对现有品牌进行重组，实现品牌的优化组合。

---

① ［英］格里·约翰逊、凯万·斯科尔斯：《公司战略教程》，金占明、贾秀梅译，华夏出版社 1998 年版，第 152 页。

并购是重组的驱动器，[①] 合并和收购往往造成原有品牌系统比例失调甚至发生混乱，重组必然随之而来。时代华纳和美国在线合并时的如意算盘是传统媒体品牌系统（时代华纳）和新媒体品牌系统（美国在线）双头并进，但随着市值的不断缩水，公司开始了不断地重组探索，直到 2003 年底重新确立了传统媒体品牌时代华纳在整个公司中的支配地位，重组才告一段落。威望迪环球经历 2000 年前后几年的疯狂并购以后，拥有了 Canal + 等许多知名品牌，但公司收益从 2002 年起直线下滑，债台高筑。为了摆脱困境，公司不断推出重组的重大举措，如将子公司维旺迪环球出版公司卖给拉格德利公司、将公司娱乐部分出售给美国通用电气公司等。[②]

经营不善和财务危机是品牌重组的又一重要动因。由于投资决策失误和缺乏创新等原因，迪士尼公司在 2001 年遇到了严重的财政危机，于是，它关闭了一直亏损的 Go. com 门户网站，把网络投资的重点转移到了 ABC. com 和 ESPN. com 等网站上。[③]

品牌重组可以采用的手段主要有三种：品牌退役、品牌出售和结构调整。

品牌退役，即将某一个或某些子品牌彻底退出市场，以精简品牌系统，实现品牌收缩。如迪士尼关闭 Go. com，上海报业集团停刊《外滩画报》等。

品牌出售，即把一个或几个与品牌系统不和谐或与系统的长远发展目标相冲突的品牌卖给其他公司，如威望迪出售其娱乐部分。

结构调整，即对品牌系统的层级、母品牌和子品牌的归属关系、各

---

① ［美］麦克尔·A·希特、R·杜安·爱尔兰、罗伯特·E·霍斯基森：《战略管理：竞争与全球化》，吕巍等译，机械工业出版社 2002 年版，第 284 页。

② 参见胡正荣主编：《外国传媒集团研究》，北京广播学院出版社 2003 年版，第 224－229 页。

③ 周岩：《坚守核心品牌：国际传媒集团的取胜之道》，《中国记者》2003 年第 1 期。

品牌在系统中的地位和作用等进行调整，以优化品牌结构，从而达到充分发挥品牌系统的协同效应的目的。

二、多种路径组合，优化品牌系统

上述各种品牌系统实施路径都有各自的优势和不足，不同的传媒组织在不同的发展阶段、面对不同的发展环境，可以有选择地采用其中的一种路径，但更多情况下是将多种路径结合起来。从世界范围来看，以公共事业性为主要特征的传媒组织常常以创建和品牌重组为主要路径，辅以收购和品牌合作，BBC、NHK、CBC 等，都是如此。商业性传媒组织也十分重视创建，但近年来更注重运用资本的力量，整合收购、合并、出售等手段，以达到优化自己的品牌系统的目的，时代华纳、迪士尼、维亚康姆、新闻集团、培生集团、贝塔斯曼等，无一不是如此。1998 年 5 月，培生集团斥资 46 亿美元购买了西蒙·舒斯特出版社的教育出版部、参考书出版部、商业及专业类图书出版部，然后，将购得的教育出版部与艾迪逊·维斯利·朗文集团合并，组成强大的培生教育集团，其他部分则又卖出去了。通过这次收购和重组产生的培生教育集团一举夺得了美国市场教育出版领域的头把交椅。①

中国传媒产业一直是以事业性传媒组织为主体的，创建和品牌重组是传媒组织建构品牌系统的主要路径，尤其是经历前几年的外延式发展和集团化建设以后，整合重组成为当前大型传媒组织优化品牌系统、提升品牌竞争力的主要手段。同时，随着传媒产业属性的逐步确立和市场体系的不断健全，品牌合作日渐成为各传媒组织的一个重要选择，通过收购、合并来实现战略发展的时机也正在逐渐成熟。SMG、南方报业传媒集团、光线传媒有限公司等是尝试多种路径组合的先行者，它们在品

① 参见胡正荣主编：《外国传媒集团研究》，北京广播学院出版社 2003 年版，第 254－255 页。

牌整合、品牌合作、品牌收购等方面为后来者提供了许多可资借鉴的东西。可以预测，中国传媒产业的品牌系统建设也将逐步向多路径、综合化的方向发展。

最后，必须明确，传媒品牌系统管理是建立在对现有传媒环境和内部资源分析基础上的一种战略管理活动，它为传媒组织的各种品牌关系利益人搭建了交流的平台，描述了一种共同的愿景，为传媒组织提供了发展的方向和路径。但是，它不是一成不变的，更不能视作一劳永逸的永恒真理和组织发展不可更改的指航灯塔。随着外部环境和内部环境的变化，“昨天的远见会成为今天的常识”，[①] 在明天，它也许会变成一种谬误，成为人们的笑柄。所以，传媒品牌系统需要有对未来的弹性设计，必须随势赋形，实行动态管理，不断调整甚至做根本性的改造，才能适应日新月异的产业发展环境，获得理想的管理效益和经营效果。

① ［美］加里·哈梅尔、C. K. 普拉哈拉德：《竞争大未来：企业发展战略》，王振西主译，昆仑出版社 1998 年版，第 123 页。

第六章

个案分析：东方卫视——不轻松的品牌梦想

麦克道尔和巴滕将产品消费分为三种情况：只考虑产品类别，不考虑品牌；类别优先，品牌辅助；品牌主导。① 以这个标准来看，在中国传媒领域，电视品牌的发展和消费是最为成熟的。现在，人们经常说，看某某电视台的某某节目，而不是还像二十年前那样，总是用产品类别来表达，叫作看电视新闻节目（或者电视剧、曲艺节目）。报纸消费方面似乎还没有真正形成这种习惯，顶多是看某某报纸而已。网络方面的品牌消费意识已经开始形成，但还没有真正从电视品牌和电影品牌体系中独立出来，比如，绝大多数网络媒体的品牌和产品均源自电视组织或电影公司。因此，电视的品牌建设，在中国具有典型性的意义。

在众多电视品牌（品牌体系）中，最值得关注的是34个上星综合频道。这34个频道都是其所在电视组织大力支持和主推的频道，也是品牌影响最大的频道。且不说CCTV－1，因为它是一个国字号的媒体，具有超越一般频道和品牌的垄断性优势，它的品牌建设取得较大成就"理所当然"，对中国其他电视媒体来说没有可复制性。即使是省级上

---

① ［美］沃尔特·麦克道尔、艾伦·巴滕：《塑造电视品牌：原则与实践》，马敏译，中国传媒大学出版社2006年版，第16页。

星综合频道，也有不少在品牌建设方面成绩斐然。这其中，有些频道是十几年一贯性的品牌发展，有些是借助一两个品牌节目“一炮走红”，无论是哪一种，它们都具有典型的价值，它们的品牌探索及影响是其他频道或其他电视组织（公司）品牌所不能比的：湖南卫视唤起多少人的美好回忆，有多少人伴随着《快乐大本营》一起成长！从江苏卫视的《非诚勿扰》到浙江卫视的《中国好声音》，多少人把这些台、这些节目包括相应主持人甚至节目参与者当成茶余饭后的谈资或者研究的对象！当和其他很多人一起到“孟非的小面”去尝鲜时，我更加真切地感受到，中国的电视品牌尤其是上星综合频道的品牌影响力，绝不是局限于行业内的，而是全国性的、跨行业的，它渗透到了中国人民生活的许多方面。

然而，即便是分析这 34 个上星综合频道的品牌经营，也不是这一章所能完成的任务，因为抽象而空洞、正确而无用的废话不想说，高屋建瓴式的分析概括又力不能及，所以，只能从中选取一个个案，把它放在中国传媒品牌建设尤其是 34 个上星综合频道竞争的语境中来分析，以期对此前篇章做一个实证式的应用和案例式的分析。这个个案就是东方卫视。

之所以选择东方卫视，是因为它有一个有意识的、经过系统规划设计、同时也非常引人关注的品牌建设开端和发展，也因为它近两年迅猛的发展势头。在对这个品牌（系统）的历史梳理和现实分析中，也许我们能够更具体地感知中国传媒品牌建设的独特性和复杂性。

第一节　东方卫视品牌建设的历史与现状

一、东方卫视品牌化的开端与发展

2003年10月23日，以“红日五星”为台标、英文名字为Dragon TV的上海东方卫视正式开播。它以打造全国性乃至全球性电视频道品牌为战略目标，以中央电视台、凤凰卫视和其他省级卫视为主要竞争对手，以一个崭新的面目加入中国卫星电视市场的竞争。①

东方卫视的这次品牌化改革，是当时的上海文广新闻传媒集团整体经营思路的产物。时任集团总裁的黎瑞刚曾提出了资源整合、品牌运营、产业链接、市场内驱、合作共赢的战略思想，品牌在其中占有重要的地位。“对于内部管理和资源整合，我的思路是首先要启动品牌，一个品牌拉动整个产业链，或者是一个产业的团组来做这个事情。”② “从整个集团长远发展来看，我们把卫视定位为集团的旗舰频道，作为旗舰来打造。”黎瑞刚如是说。③ 其实，此前上海文广新闻传媒集团已经推出了生活—时尚频道、“第一财经”等富有创新精神和专业特征的传媒品牌，他们对东方卫视寄予有更大的期望，正像黎瑞刚在东方卫视开播

---

① 在《日出东方　光耀九州——上海东方卫视简介》中，东方卫视把竞争对手锁定中央电视台、地方省级卫视和境外电视，提出了“努力在全国卫视的竞争中后来居上，独树一帜，与央视、境外媒体形成差异化竞争态势”的战略思路和创建“具有中国特色、上海特点的强势电视平台”的战略目标。《日出东方　光耀九州——上海东方卫视简介》，http：//www. dragontv. cn，2003年10月30日。

② 李岚：《国有广电传媒集团的产业链接和品牌运营——上海文广新闻传媒集团总裁黎瑞刚访谈录》，《视听界》2004年第4期。

③ 黄俊杰：《海派再起：东方卫视一周年》，《传媒》2004年第10期。

一周年寄语中所称，东方卫视“是一个世纪梦想——打造属于我们民族自己的传媒品牌”。①

这一年，东方卫视也明确了自己的频道定位：“现代、国际、青春、海派”，它的许多新闻和娱乐节目也都围绕这个定位进行打造。从《看东方》《东方快报》等新闻节目到《我型我秀》《娱乐星天地》《东方夜谭》等娱乐节目，莫不如此。

东方卫视的品牌化建设可谓“立竿见影”，取得了较为显著的成绩。根据央视—索福瑞的统计数字，东方卫视与其前身上海卫视相比，在各个方面都有一定程度的提高（见表6－1），与全国其他省级卫视相比，也改变了老上海卫视一直排名10名以外的局面，取得了长足的进步（见表6－2）②。尤其是在长三角地区，东方卫视取得了相当高的美誉度和忠诚度。③

表6－1　东方卫视与原上海卫视的收视数据对比

	上海卫视（2003.1.1－5.20）	东方卫视（2004.1.1－5.20）
收视率%	0.3	0.4
市场份额%	2.4	3.1
到达率%	90.2	93.9
人均接触总分钟数	637	841

① 黎瑞刚：《黎瑞刚对东方卫视一周年寄语》，东方卫视电子杂志《东方红》，http://www.dragontv.cn，2004年11月10日。

② 表一、表二均为央视·索福瑞数据，其中，表二是全国23个重点城市的数据分析。参见朱学东、黄俊杰、周笑岩：《海派再起—东方卫视一周年》，见陈梁、徐威主编：《东方卫视现象》，文汇出版社2004年版，第204、206页。

③ 据南京师范大学新闻与传播学院2004年4月的一项调查，东方卫视在长三角地区的美誉度和忠诚度分别为69.01%和58.1%，均位列该地区所有省级卫视的首位。参见朱雯、李幸：《〈东方卫视在长三角地区影响力评估〉调研报告》，《现代传播》2004年第5期。

表 6－2 东方卫视与其他省级卫视的数据对比

频道	到达人数（000）	频道	收视人数（000）
湖南卫视	36422	湖南卫视	203
东方卫视	35691	北京卫视	140
安徽卫视	35080	安徽卫视	108
广东卫视	33392	东方卫视	93
山东卫视	31668	黑龙江卫视	78
浙江卫视	31092	江西卫视	59
江西卫视	27706	江苏卫视	55
江苏卫视	27661	山东卫视	53
四川卫视	27539	重庆卫视	42
北京卫视	26405	浙江卫视	39

不过“罗马不是一天建成的”。刚刚品牌化运作的东方卫视还称不上强势，与湖南卫视等传统强势省级卫视相比，它还有相当大的差距。从表 6－2 中到达人数和收视人数的落差可见一斑：它的到达人数比湖南卫视仅少 2%，收视人数却相差一倍多；北京卫视的到达人数是它的 74%，收视人数则是它的 1.5 倍。不过，东方卫视一直继续着自己的品牌化脚步。

2006 年，《加油！好男儿》《舞林大会》等选秀类娱乐节目在东方卫视首播，旋即创下全国 17 个城市平均收视率 2.2% 的成绩，真人秀节目《我型我秀》影响力也不断提升。

2009 年 1 月 25 日，东方卫视推出了 5 小时直播节目《春满东方——除夕特别节目》，还推出了台歌《番茄红了》。5 月 5 日，维塔斯、韦唯在上海音乐学院录音棚内录制了东方卫视主题歌《风从东方来》，歌曲 MV 于 6 月推出。

2010 年，新增了《百里挑一》《谁是大人物》《加油！老爸》《星厨大战》等多档原创性节目。

2011 年 5 月，启用“梦想的力量，你我同在”的频道口号。

2013 年 5 月，推出歌唱真人秀节目《中国梦之声》。

2014 年 3 月，推出喜剧真人秀节目《笑傲江湖》。同年 3 月 17 日，新闻节目《直播上海》在该频道开播。

2015 年 4 月，推出中国首档明星喜剧竞技真人秀《欢乐喜剧人》。11 月，纪录片《追梦蓝天——ARJ21 试飞研制纪实》开播。

二、东方卫视的品牌现状描述

根据上海广播电视台、上海文化广播影视集团有限公司（SMG）官方网站的信息，2015 年，东方卫视在黄金时段 CSM34 城市收视率排名全国第三。东方卫视是中国最具品牌价值和影响力的综合频道之一，被业内权威机构评为“最具影响力省级卫视”。东方卫视在全国有线网覆盖位居省级卫视第一，国际频道在美国、加拿大、澳大利亚、法国、荷兰、德国、新加坡、非洲撒哈拉以南 38 个国家、中南美洲所有国家及港澳台地区成功落地播出，全球可收视人口已超过 11 亿。[①]

当下，东方卫视以“大台气象、都市气质、年轻气息”为频道定位，收视主力瞄准城市年轻人群，播出的节目类型涵盖新闻专题、影视剧、综艺节目等。

（一）新闻报道方面

频道坚持“新闻立台”的原则，共有 11 档新闻报道和新闻专题栏目，平均每天新闻播出时长超过 300 分钟，拥有全国省级卫视容量最大的新闻版面，在栏目数量和播出时长方面均位居省级卫视第一，品牌新闻栏目包括《看东方》《东方新闻》《直播上海》《环球交叉点》《双城记》等。针对国际、国内突发事件，东方卫视经常第一时间推出大版

① 由于中国电视行业的数据调查和分析众多，但缺乏有广泛公信力的材料，故采用东方卫视的官方说法，以供参考。资料来源：http://www.smg.cn/review/channel/channel_5/index.shtml，2016 年 9 月 2 日。

面直播特别报道，打造其新闻特色。

（二）电视剧方面

作为当下任何一个电视频道都不可能忽视的电视剧，东方卫视强化“都市气质、大剧品相、新鲜多元”特征，近两年播出了《平凡的世界》《虎妈猫爸》《琅琊榜》《芈月传》等重磅剧，在中国34个上星综合频道中虽然不算出类拔萃，也可以称作较为领先的跟随者。

（三）综艺节目方面

按照“方向明确、类别领先、模式有力、制作极致”的要求，在保持《娱乐星天地》等传统综艺节目的基础上，近几年东方卫视加大原创和引进综艺节目的力度，“花样”系列之《花样爷爷》和《花样姐姐》、“喜剧”系列之《笑傲江湖》和《欢乐喜剧人》、脱口秀系列《金星秀》和《四大名助》等均在业界和观众中产生了广泛影响。《急诊室的故事》《梦想改造家》等节目坚持走高品质路线，在全国同类节目中也处于领先水平。

第二节　东方卫视品牌建设的竞争环境分析

历经十余年，东方卫视一直在品牌建设的道路上不断创新、改革，这显然不是追风逐潮的结果，也不是一个短期的策略性行为，而是关涉该频道长远发展的一个战略举措。因此，竞争环境分析，是分析其品牌建设的起点。

一、动因分析

从历史上看，东方卫视是“穷则思变”的产物。它的前身上海卫视是全国所有省级卫视当中最晚一批开播的卫星频道，节目由上海其他电视频道的优秀节目串编包装而成，整体感不强，更缺乏创新精神。自1998年开播以来，上海卫视在全国卫视收视率排名中只能稳定在十几位，每年的广告收入也只有6000万左右，不仅无法与湖南卫视、安徽卫视、广东卫视等同级卫视领先者相比，在上海的电视频道中也处于落后地位。[①] 这种状况与上海市以及上海传媒产业在全国的地位是极不相称的。

从现状看，品牌建设是东方卫视进一步发展的必然选择。第一，在当今的“富媒体”时代，人们需要的不再仅仅是某一个类型的电视节目产品，而是有个性、有情感、有特色的品牌节目。第二，省级卫视的竞争日趋激烈，无论从影响力，还是从“真金白银”的盈利能力来看，品牌节目的地位日益重要，体现出典型的“二八原则”：20%的品牌节目挣得80%的利润。第三，品牌建设是展示上海国内和国际形象的需要。第四，从可能性上看，无论从人才集聚、资金支持还是从上海人民的消费能力来看，东方卫视都具有打造优质品牌的独特优势。

二、SWOT 分析

依托上海市及其传媒产业在全国的强势地位，得到政府和SMG的大力支持，东方卫视拥有全国许多同级卫视所不可能拥有的资源优势，同时，作为向全国和世界展示上海形象的窗口，作为上海市新闻舆论宣传的重要阵地，作为SMG产业发展的重要支柱和核心品牌，它的品牌建设是一项战略性的复杂系统工程。

SWOT分析是战略分析经常采用的一种方法，它把一个组织的环境划分为四个主要方面——优势（Strengths）、劣势（Weakness）、机会

① 参见《DragonTV 腾空出世上海卫视剑指东方》，http://www.dragontv.cn，2004年4月29日。

(Opportunities)、威胁（Threats），“SWOT”就是以上四个概念英语单词首位字母的组合。这种分析方法的基本原理是，战略是对这四个方面综合分析和有机组合的产物。通过对东方卫视品牌的SWOT分析，我们能更清楚地看到它的环境状况。

一般来说，SWOT分析都有极强的针对性，是一个组织就某个方面或某项业务针对主要竞争对手的分析。东方卫视是一个以CCTV－1、凤凰卫视和其他省级卫视为主要竞争对手的全国性卫星频道，对它的品牌经营环境可做如下分析：

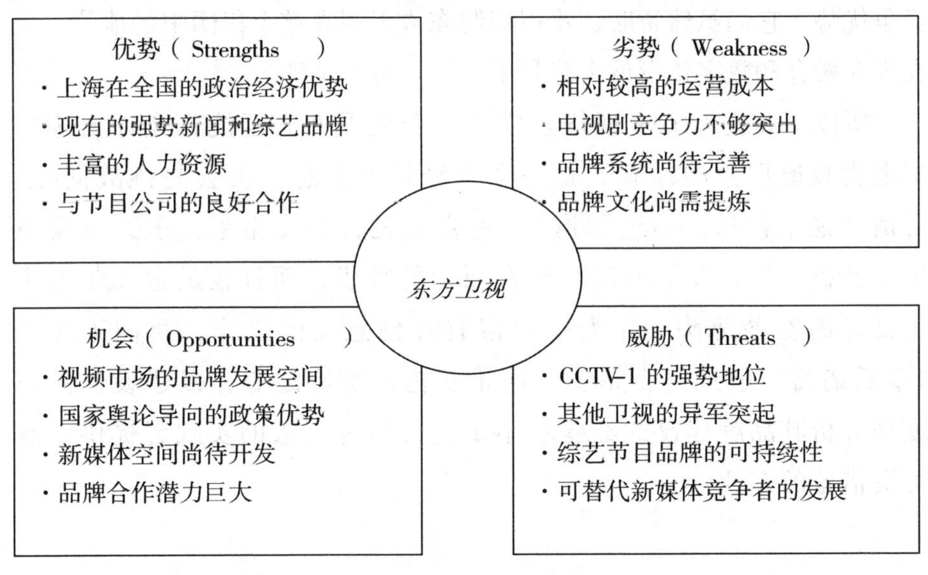

图6－1　东方卫视品牌经营的SWOT分析

从以上分析可以看出，东方卫视的优势十分明显，机会也比较多，而且这些因素都具有很强的不可替代性，如上海的独特地位、现有的品牌优势、丰富的人力资源、良好的品牌合作等。不过，东方卫视的劣势和所面临的威胁也是显而易见的。从全国来看，CCTV－1是占据垄断地位的品牌，凤凰卫视也拥有很高的品牌知名度和美誉度，湖南卫视以娱乐为特色，品牌建设深耕二十年，无论从历史底蕴和现实影响来看，都是其他省级卫视必须关注的领先品牌。安徽卫视、江苏卫视和浙江卫视等先后主打电视剧、“情感+幸福”和“中国蓝”特色，以明确的定位和鲜明的个性风格加入了全国卫视品牌竞争的阵营。加之底蕴深厚、资源丰富的北京卫视，早就启动专业化特色打造的海南卫视、东南卫视、云南卫视等，东方卫视想在品牌建设上保持现有的竞争力甚至取得进一步的突破，也不是一件轻松的事。

在SMG内部，“第一财经”、星尚、五星体育等以其专业性的内容优势稳步发展，微番茄、百事通等新媒体品牌虽然年轻，但具有相对的竞争优势。它们虽然暂时还难以威胁东方卫视在整个集团中的地位，但在媒介融合和数字化发展大背景下，一切皆有可能。

所以，要把东方卫视打造成为一个全国性乃至能在全球代表中国电视频道形象的品牌，是一个不轻松的梦想。机会与挑战同在，可谓“逆水行舟，不进则退”。可喜的是，十几年来，东方卫视虽经历波折起伏，却始终没有放弃原初的梦想，而且在最近几年迎来了良好的发展势头。作为一项富有开创意义的工作，我们不应该“事后诸葛”般地过多指责，而是要抱着宽容之心，以建设性的态度来分析其品牌建设的经验和不足，力争为可敬的实践者提供一些可资借鉴的东西。

第三节　东方卫视的品牌要素和品牌系统分析

一、名称和台标分析

名称和标示是一个品牌最直观的存在，也是它在法律意义上最具可视性的存在，富有表达力的名字和标示是一个强势品牌的必备条件。它们决定了品牌外在的“形”，一个富有表现力的名称或标示在声音、色彩等感性特征上富有吸引力，给消费者留下美好的印象和想象空间，从而为品牌发展提供广阔的上升空间。当然，一个品牌更要有“神”，即它的品牌内蕴，如品牌理念、品牌个性、品牌情感、关系利益人群体及其品牌体验等。只有与品牌内蕴相得益彰的名称或标示，才能称得上是好的名称和标示，就像眼睛要能够“传神”才真正美丽一样。

东方卫视的名字和台标给人们留下了鲜明的印象。“东方”一词含义丰富，能够激发多方面的品牌联想：它既可以理解为世界的东方，也包含中国东方的含义，同时又和东方明珠等上海其他传媒品牌形成了一定程度的共鸣关系。所以，“东方卫视”的命名不仅具有“借船出海”的意味，而且为节目延伸及频道的长远发展留下了广阔的空间。[①] 台标是品牌最直观形象的符号化显示。东方卫视的台标本意是红日五星，红日是秉承东方电视台的理念，也比较符合中国传统审美和现代审美的需求，五星是卫星电视的通用标志，具有扩张感。[②] 从品牌经营角度看，东方卫视的名字和标示在中国电视频道当中是佼佼者。

二、品牌定位分析

东方卫视的品牌定位，是典型的“消费者——竞争者——品牌自身”类型，采用的是差异化错位竞争策略。从东方卫视大力宣传的各种定位中，我们能更清楚地看到这一点。

---

① 从频道初建就设置的《看东方》《东方快报》到后来的《东方新闻》、“东方台”和与“今日头条”合作的《东方大头条》，“东方”二字在东方卫视的品牌体系命名中始终是一条清晰可见的主线。

② 朱学东、黄俊杰、周笑岩：《海派再起——东方卫视一周年》，见陈梁、徐威主编：《东方卫视现象》，文汇出版社 2004 年版。

总体定位——大台气象、都市气质、年轻气息。

风格定位——新鲜、新锐、都市、国际。

内容定位——具有新闻属性的综合平台；

坚持以新闻为骨，铸造媒体脊梁；

不仅做强新闻内容，更在品牌栏目中植入新闻精神；

强调与时俱进、贴近现实、引领时尚、关注当下的特色。①

总体定位中，“年轻气息”显示了东方卫视一贯的观众定位，“都市气质”不但和“年轻气息”相一致，也凸显了东方卫视相对于其他省级卫视的竞争优势，“大台气象”则提出自己的行为标准与远期目标，三者合一，清晰地体现了东方卫视的特点、目标受众和发展愿景。

品牌风格方面，它强化自己的“都市特质”，致力于追求富有现代“新鲜”“新锐”、青春而开放的新海派风格。“东方卫视最大的特点应该是它的都市性，犹如上海与国内外其他地方的区别，而节目卖点应该是比境外台更权威，比国家台更具亲和力。”② 十几年来，东方卫视的风格和诉求有一定的变化，唯独都市性始终如一，从主持人形象到节目、广告选择和制作，它都十分注重对“现代都市特色的海派风格”这一特点的坚守和传播，形成了较为鲜明的特色，达成了较强的整合效应。

在内容定位上，东方卫视也显示了差异化竞争的特点。中国省级卫视基本上形成了以娱乐节目和电视剧主打的同质化竞争局面，省级卫视的强势品牌，包括湖南卫视、浙江卫视、东方卫视、江苏卫视、北京卫视等，无一敢放弃这两个领域。这种结构性特征的优劣不是我们讨论的范围，我们关注的是，东方卫视在这种情况下是如何进行内容差异化定

---

① http：//img. dragontv. cn/aboutus/2012 - 07 - 10/11690. html，2016 年 9 月 18 日。

② 《日出东方　光耀九州——东方卫视简介》，http：//www. dragontv. cn，2003 年 10 月 30 日。

位的。

首先，突出娱乐节目的原创和喜剧特色。从《娱乐星天地》开始，东方卫视就在和其他公司的合作中探索娱乐节目的开发与经营。《舞林大会》等独具特色的栏目曾经在全国电视市场红极一时。2014 年以来，东方卫视厚积薄发，与欢乐传媒等合作推出了《笑傲江湖》《欢乐喜剧人》《金星秀》等原创娱乐节目，将“原创”“喜剧”两个特点发挥得淋漓尽致。

其次，坚守“新闻立台”的理念。创台伊始，东方卫视就一直保持每天 7 至 8 档新闻栏目外加整点“东方快报”的强大新闻节目阵容，强化新闻特色。现在，全天有 11 档新闻报道和新闻专题栏目，平均每天新闻播出时长超过 300 分钟，在栏目数量和播出时长方面均位居省级卫视第一。[①] 同时，做新闻，必须正视中央电视台和凤凰卫视两大强势品牌的竞争乃至挤压。对于这一点，东方卫视另辟蹊径，确立了“怎么说”的策略，力求在叙述方式和叙事风格上有所突破：“如果说中央台因为其国家台的地位，能够决定‘谁在说’，凤凰台则由于地域优势可以主打‘说什么’，那么东方卫视则要追求‘怎么说’”。“所谓的‘怎么说’，也就是要从都市人群的喜好和需求出发，来制作新闻，提供娱乐。”[②] 从早期就有的《东方夜新闻》《看东方》到后来推出的《双城记》《金星秀》等，都在这个方面进行了大胆的尝试。

三、品牌推广分析

品牌推广方面，给人印象最为深刻的还是东方卫视初创时期的运作，立体化、全方位，时至今日仍值得回味。首先，在大众传播媒体广告方面，它不仅在自己的频道上保持较高密度的自身广告，而且通过中

---

① http：//www. smg. cn/review/channel/channel_ 5/index. shtml，2016 年 9 月 2 日。

② 张志安：《东方卫视：目标锁定“都市先锋”》，《传媒观察》2004 年第 2 期。

央电视台、《解放日报》等媒体开展了声势浩大的品牌宣传。尤其是“红色系列”宣传片15秒剪辑版，自2003年10月11日在央视一套《焦点访谈》前连续播出一个月，“创下了地方媒体在中央台投放形象片的先河”。[①] 2003年国庆节期间，它还“上天”“下水”，在外滩、徐家汇等地利用飞艇、游船开展“水、陆、空”三位一体的广告宣传。大型电子杂志《东方红》采用多媒体形式，利用网络进行宣传推广，也不失为推广方式的一种创新。

就近年的情况来看，品牌推广在中国电视界已经成为常规性的操作，很多推广甚至有流于虚夸和炒作的嫌疑，在方式方法上也花样翻新，各个卫视都能列出几个得意的推广方案。其中，浙江卫视的《中国好声音》采用立体化的推广策略，一举将浙江卫视带入了省级卫视的领先者行列，一时间被奉为品牌营销的经典案例。湖南卫视的节目《爸爸去哪儿》、电视剧《花千骨》等，也都堪称品牌推广的成功案例。相对而言，东方卫视的重新崛起晚于他们，其品牌推广更多是采用模仿创新的策略，虽没有太多可以大书特书之处，却达到了切切实实的效果，如关于《笑傲江湖》《金星秀》和《芈月传》的推广。当然，东方卫视近几年的崛起，是推广之功，还是“内容为王”的结果，倒没必要追究清楚。品牌经营的关键，恰恰在于整合之力，形成于自然，方能融于意识，得到长久。笔者最深刻的印象之一，是近几年东方卫视的宣传图片、视频以及在广告性杂志上发表的文章，都无一例外地将“东方卫视”LOGO放在最显眼的地方，其推广工作，从此可见一斑。此外，它还推出了台歌《番茄红了》和主题歌《风从东方来》，推出了品牌口号“梦想的力量，你我同在”，还搞了个以东方卫视命名的城市游轮“梦想号”，这些虽然难称为创举，倒是品

---

① 《2004红色风暴》，东方卫视电子杂志《东方红》，http：//www.dragontv.cn，2005年2月6日。

牌推广的踏踏实实的举措，显示了东方卫视十几年来一贯的品牌推广思路和追求。

四、品牌系统分析

东方卫视既是SMG的一个具有“旗舰”地位的子品牌，又是一个具有众多子品牌的母品牌。十几年来，尽管它的栏目品牌等子品牌一直有调整，但基本架构清晰可辨，形成了以组织（频道）品牌为主、多个子品牌并重发展的品牌系统。(见图6－2)

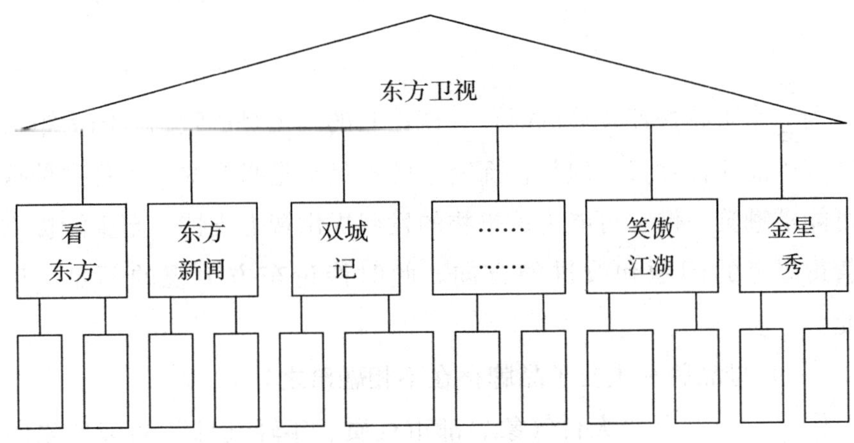

图6－2　东方卫视品牌系统架构

东方卫视非常注重母品牌“东方卫视”的打造，上文已经从单一品牌角度有所论述。从品牌系统来看，为了强化母品牌，东方卫视采用了品牌延伸的手段，不少主要子品牌都冠以“东方”这一关键词。在子品牌的配置上，东方卫视没有地位特别突出的领先品牌，而是采用多品牌并重发展战略，追求多个主要品牌的协同效应。“新闻立台”是整个东方卫视的基本战略之一，这决定了新闻栏目品牌在整个品牌系统中的数量和地位。《看东方》《东方新闻》《直播上海》《环球交叉点》《双城记》等栏目，占据了频道一半左右的主要时间段，不少栏目还是整个品牌系统不可或缺的重要品牌。娱乐节目没有采用主副品牌的方式，但一直努力围绕时尚、新颖、年轻、新锐、梦想等内涵来打造，与母品牌风格相得益彰，如《我的新衣》《金星秀》《花样姐姐》等。即便是《梦想改造家》这样的家装节目，也体现出截然不同于其他同类节目的“梦想”风格特色。

第四节　结语：东方卫视品牌建设的不足与建议

当一个事物快速发展的时候，谈论它的不足是危险的，因为第二天它就有可能让你食言。但是，探究它的不足也是必要的，尽管这种探究有可能被嘲笑，但它可能为该事物的发展提供智力支持，至少能提供一些值得思考的问题和改进的方向。此时谈论东方卫视的不足，正是如此。

（一）母品牌和主要子品牌存在不相融洽之处

作为一个追求“大台气象、都市气质、年轻气息”品牌形象的上星频道，东方卫视的许多子品牌体现出了较为一致的特色，如《我的新衣》《花样姐姐》《梦想改造家》，都是“时尚”而且“梦想”。《金星秀》略显另类，但其话题新鲜、新颖，主持人敢说敢为，节目的娱乐性也常常不失智性和诙谐。但是，作为主要子品牌的《笑傲江湖》，尤其是《欢乐喜剧人》，则有渐入乡野式的插科打诨或小市民式的油滑、粗俗的感觉。这样说绝没有蔑视草根或乡土文化和智慧的意思，而是说这两个节目作为东方卫视的主打品牌，它们和主品牌的形象与风格的距离似乎越来越远。

（二）品牌系统中“并重”和“侧重”的关系需要进一步优化

从整体上看，东方卫视采用组织品牌为主、多个子品牌并重的发展战略，但是，并重不是对系统中的每一个品牌都一视同仁，把组织的各种资源平均分给它们。按照资源分配的帕托螺法则，资源分配的基本比例是把80%的资源用到20%的品牌上，方能取得最佳的投入—产出效益。虽然不同的传媒组织、不同性质的品牌和品牌系统不可能严格遵守这一比例，但传媒组织把资源和精力主要集中在几个有代表性的品牌上，以取得更好的收益，却是一个具有普遍性的规律。十几年来，东方卫视在每个时期都有几个相当不错的子品牌，但都不足以“引爆”全国市场，提升卫视的整体品牌影响力。近两年喜剧系列《笑傲江湖》《欢乐喜剧人》效果不错，但仍然存在隐忧。据说东方卫视还要进一步布局喜剧，“将喜剧、原创和欢乐进行到底”，[①]《今夜百乐门》《笑星撞地球》就是这一思路的结果。然而，“笑傲江湖”式的喜剧和欢乐有多大的可持续性，考虑到内容开发难度和受众审美疲劳，实在是一个难以完全乐观的问题。处理好“银色子弹”式的节目“招来观众”和常规节目“留住观众”的关系，也是一个巨大的挑战。

另外，东方卫视作为SMG的一个子品牌，如何处理好与集团母品牌以及和其他品牌的关系也是个值得关注的问题。2014年3月，SMG组建成新的“东方卫视中心”，将原东方卫视中心、艺术人文中心、大型活动中心、新娱乐、星尚传媒等单位和部门纳入其中，该中心由直属台、集团管理。[②] 这一举措无疑有利于东方卫视整合更多的力量推出娱乐性节目，但也增加了管理上的复杂性。写本章稿子这几天，恰巧东方卫视的网页打不开，而且很可能不是一个技术问题——SMG网站下方的“成员单位”里也恰恰缺少了“东方卫视”的链接。但愿这只是一个纯粹的巧合，祝东方卫视越办越好！

---

① 杨雯：《东方卫视：将喜剧进行到底》，《中国新闻出版广电报》2016年9月21日第7版。

② 许璐：《东方卫视：涅槃后的价值初绽——访东方卫视中心副总监/副总经理兼广告营销部总监袁春杰》，《广告大观综合版》2014年第7期。

参考文献要目

[1] [美] 沃尔特·麦克道尔、艾伦·巴滕. 塑造电视品牌：原则与实践 [M]. 北京：中国传媒大学出版社，2006.

[2] [英] 尚克尔曼. 透视 BBC 与 CNN：媒介组织管理 [M]. 北京：清华大学出版社，2004.

[3] [丹麦] 克劳斯·布鲁恩·延森. 媒介融合：网络传播、大众传播和人际传播的三重维度 [M]. 上海：复旦大学出版社，2012.

[4] [美] 彼得·R. 芒戈、诺什·S. 康特拉克特. 传播网络理论 [M]. 北京：中国人民大学出版社，2009.

[5] [英] 詹姆斯·柯兰、娜塔莉·芬顿、德斯·弗里德曼. 互联网的误读 [M]. 北京：中国人民大学出版社，2014.

[6] [美] 比尔·科瓦齐、汤姆·罗森斯蒂尔. 新闻的十大基本原则：新闻从业者须知和公众的期待 [M]. 北京：北京大学出版社，2011.

[7] [英] 尼克·库尔德利. 媒介、社会与世界：社会理论与数字媒介实践 [M]. 上海：复旦大学出版社，2014.

[8] [加] 马歇尔·麦克卢汉. 理解媒介——论人的延伸 [M]. 北京：商务印书馆，2000.

[9] [美] 大卫·A. 艾克、爱里克·乔瑟米赛勒. 品牌领导 [M]. 北京：新华出版社，2001.

[10] [美] 加里·哈梅尔、C. K. 普拉哈拉德. 竞争大未来：企业发展战略 [M]. 北京：昆仑出版社，1998.

[11] [美] 麦克尔·A. 希特、R. 杜安·爱尔兰、罗伯特·E. 霍斯基森. 战略管理：竞争与全球化 [M]. 北京：机械工业出版社，2002.

[12] [美] 埃·里斯、杰克·特劳特. 定位 [M]. 北京：中国财政经济出版社，2002.

[13] [美] 本·巴格迪坎. 传播媒介的垄断 [M]. 北京：新华出版社，1986.

[14] [美] 大卫·爱格. 品牌经营法则 [M]. 呼和浩特：内蒙古人民出版社，1999.

[15] [美] 杰克·富勒. 信息时代的新闻价值观 [M]. 北京：新华出版社，1999.

[16] [美] 凯文·莱恩·凯勒. 战略品牌管理 [M]. 北京：中国人民大学出版社，2003.

[17] [美] 迈克尔·埃默里，埃德温·埃默里. 美国新闻史：大众传播媒介解释史 [M]. 北京：新华出版社，2001.

[18] [美] 汤姆·邓肯、桑德拉·莫利亚蒂. 品牌至尊：利用整合营销创造终极价值 [M]. 北京：华夏出版社，2000.

[19] [美] 唐·E. 舒尔茨. 整合行销传播 [M]. 北京：中国物价出版社，2002.

[20] [英] 菲欧娜·吉尔摩. 钢索上的品牌战士 [M]. 北京：中信出版社，2002.

[21] [英] 露西·金-尚克尔曼. 透视 BBC 与 CNN：媒介组织管理 [M]. 北京：清华出版社，2004.

[22] 罗军. 数字媒体品牌形象推广 [M]. 广西：西南师范大学出版社，2011.

[23] 赵泓. 媒介品牌传播学 [M]. 北京：中国社会科学出版社，2012.

[24] 洪丽娟. 媒体品牌管理 [M]. 北京：中国广播电视出版社，2012.

[25] 王庚年. 媒体品牌战略研究 [M]. 北京：中国国际广播出版社，2013.

[26] 汤莉萍. 媒介品牌经营 [M]. 北京：中国传媒大学出版社，2014.

[27] 陈兵. 媒介品牌论：基于文化与商业契合的核心竞争力培育 [M]. 北京：中国传媒大学出版社，2008.

[28] 乔均. 品牌价值理论研究 [M]. 北京：中国财政经济出版社，2007.

[29] 朱春阳. 现代传媒集团成长理论与策略 [M]. 上海：上海人民出版社，2008.

[30] 熊忠辉. 中国省级卫视发展战略 [M]. 上海：上海人民出版社，1999.

[31] 余明阳. 品牌学 [M]. 合肥：安徽人民出版社，2002.

[32] 陈培爱. 中外广告史 [M]. 北京：中国物价出版社，2001.

[33] 陆地. 中国电视产业的危机与转机 [M]. 北京：中国人民大学出版

社，2002.

［34］唐绪军. 报业经济与报业经营［M］. 北京：新华出版社，1999.

［35］Stephanie Agresta & B. Bonin Bough. *Perspectives on Social Media Marketing*, Course Technology PTR，（2010）.

［36］Alan B. Albarran. *The transformation of the media and communication industries*, Media Markets Monographs，2010（11）.